ピーター・C・クレイギ 著
村田充八 訳

聖書と戦争

旧約聖書における戦争の問題

THE PROBLEM OF WAR IN THE OLD TESTAMENT

PETER C. CRAIGIE

いのちのことば社

The Problem of War in the Old Testament
by Peter C. Craigie

2140 Oak Industrial Dr. NE, Grand Rapids, Michigan, 49505, USA

はじめに

この小論は旧約聖書を愛読しているキリスト者のために書かれた。筆者は、多くのキリスト者が、旧約聖書の中心主題の一つといえる戦争の問題に絶えず悩まされていることを確信し、この小論を上梓するに至った。旧約聖書に出てくる戦争という問題は、その問題にどう向き合っていくかについて真剣に考えようとしている現代のキリスト者には、避けて通ることのできない重要な論点を含んでいる。そのためにこの研究は、キリスト者のなかでも特に教育に携わる方々を念頭においている。従って、本書は、部分的にかなり専門的議論を展開している個所がある。しかし、脚注〔訳者注、訳書、章末〕に煩わされる必要はない。読者はそれらを無視して読み進んでいただいて結構である。

一冊の本がどうして書かれたのかを知るには、著者のある時期における生活体験を顧みると理解できることがある。このことは本書についてもいえる。筆者は成人して、まず英国空軍に勤務し、後に神学研究の道へ入っていった。筆者は、空軍の飛行中隊を退役し大学へ移る際、大きな変化を期待していた。しかし、そこでも、予期していた程の変化を見いだすことはできなかった。旧約聖書研究の過程で初期ヘブライ詩の研究に携わるようになったが、それらの詩のかなりの部分は戦争と密接に関連していた。こうして、筆者は、戦争と宗教とのかかわりについて理解を深めたいと思い、困難な研究を何年も続けた。筆者にとって、戦争と宗教という問題は、単に知的ないし学問的な関心事に留まるものではなく、むしろ一キリスト者としての筆者の実際の生き方に密接に結びつくものとなった。この小さな研究は、戦争と宗教の関係性をめぐる考察を通して生まれたのである。

目次

装丁　大橋莉香

第一章　戦争の現代的課題と旧約聖書

戦い／ミルハマー　（創世記一四章二節、ダニエル書九章二六節）

I

ヘブライ語のミルハマー（*milḥamah*）、「戦い」という語は、旧約聖書のなかに三百回以上も出てくる。しかもこの言葉は、旧約聖書の最も初期の作品から後期の作品に至るまで至る所に見いだされる。「戦い」という語は、不思議なことに、旧約聖書において、「平和の君」と密接な関連をもつ巻にとりわけ頻繁に出てくる。しかし、ヘブライ語のミルハマーは、戦いの様々な側面を説明する何種類かのヘブライ語の一つにすぎない。

旧約聖書を読もうとする際、感受性の豊かなキリスト者なら、戦いに関連する個所を読むたびに、様々な疑問点を感じるであろう。問題は特に二つの点にかかっている。第一の問題は、読者にとって個人的かつ内的な関心に基づく。それは、キリスト教の基本文献である一冊の書物のなかに、戦いについての言及が驚く程多く出てくるという事実をどのように受け止めるかという問題である。ヨセフス、ヘロドトスのような古代の歴史家たちの手になる戦記物語を読む時には、誰も特別に問題を感じることはないであろう。なぜなら、戦争は、古代や現代にかかわらず歴史記述にはつきもので、人間にとって基本的問題であると考えているからである。[1] しかし旧約聖書を読む場合、戦いについての言及がどうにも気になって仕方がない。旧約聖書の主題は、単なる歴史記述とは到底思えないからである。また、旧約聖書は、神の人類に対する啓示の一部と信じられているからである。第二の問題は、外的なものといえる。すなわち、旧約聖書のなかには、好戦的内容に溢れた記事が数多く出てくるのであり、それが過去現代を問わず、聖書批判やキリスト教批判に根拠を与え続けているからである。本章ではこれら二つの問題点について、それぞれ、詳細に検討していく。

Ⅱ

筆者は、第一の問題は、教会全体に関係していると同時に、キリスト者一人ひとりにもかかわってくることをすでに指摘した。この問題は、旧約聖書が、私的には個人個人が黙想する時に読み続けられ、公的には神礼拝の場で朗読されていることから生じてくる。旧約聖書は、キリスト教にとって、内的生活に不可欠なものなのである。

ところで、キリスト者は、申命記二〇章一〇―一八節のような情け容赦ない攻撃に関する勧告を読み、またヨシュア記や士師記に出てくる血なまぐさい戦闘記事を思い浮かべると、嫌な気分になる。少なくとも、それらの個所を読んで、このような嫌悪感を抱くのは、当然のことであろう。しかしながら、このような戦いの記事を読んで、実際には異なった反応を示す人もいる。筆者は、個人的経験から、このような状況についても説明できる。筆者は、長年にわたって、それも毎日、聖書を読み続けているキリスト者を多く知っている。彼らの多くは、過去はさておき、現代では、戦いの記事などもはや問題になっていない。彼らが戦いの記事を読む時には、いわゆる「霊的化」(spiritualization) の過程が形成されているからである。たとえば、キリスト者の多くは、エリコがヨシュアによって占領された記事を読むと、その征服の記事が記された章の個所に出会うと、喜びとともにその章を読むことになる。というのも、このエリコ征服の出来事は、読者のうちで霊的な観点から解釈しなおされ、神に徹底的に従った人々の勝利が謳い上げられているからである。筆者は、このような霊的な変化の意味合いについて、ここで議論するつもりはない。しかし、(ヨシュア記六章の)聖書個所を文字どおり読んでいくと、そこには、男も女も、老いも若きもすべての人が、神への従順さを示すという名目に基づいた侵略によって虐殺されたことが叙述されている。筆者は、この点を特に強調したい。ベトナム戦争の時、報告された類似の虐殺事件は戦争犯罪として裁かれた。従って、ヨシュア記六章のような記事から霊的な意味が汲み取られるとしても、その前にまず、その記事が実際に何を示そうとしているのかについて考える必要がある。

旧約聖書については、上記のような反応とは別の反応を示す人もある。それは、聖書を体系的に読むことを慣行としていない人たちの反応である。筆者は、数年前、伝統的に聖書研究を行うことのない教会に属していた。その群れのなかで、わたしたちは、一か月ごとに旧約聖書と新約聖書を交互に読む「月例図書推薦会」を始め、月の終わりになると読書を通して発見した事柄や感じた問題をもち寄って話し合った。ふた月目には列王記上を読むこととなり、月の終わりに各自読後感を語り合うために集まった。その時の話の内容はきわめて有意義であった。わたしたちは、聖書記事のなかに「好」感を覚える部分があることを認めながらも、ほとんどの参加者が、列王記上、特にそのなかの好戦的記事への反感を表明した。このような経験をへて、図書推薦会メンバーは、旧約聖書全体にいくらかのマイナス・イメージをもつようになった。これらのメンバーにとって、公的礼拝や私的な黙想において、旧約聖書が多少とも意義あるものとして読まれるようになるには、明らかに、旧約聖書における戦いという問題に何らかの回答が与えられねばならなかったのである。

それでは、キリスト者は、旧約聖書における戦争という問題については、どのような次元から考えることができるだろうか。旧約聖書は読者それぞれに特有の問題を投げかけるであろうが、いずれにせよ、主要な三つの問題点を提起できよう。

第一に、神の問題あるいは神学的問題である。この問題は、端的に表現するなら、旧約聖書に出てくる神の主要な表象が、戦士の姿を取っているということと関係している。誰しもこのような神の表象を、新約聖書に記されている愛及び自己犠牲を旨とした神の姿と同じものと考えることなど決してできないからである。

第二に、啓示の問題である。これも複雑である。この問題は、神が戦いに際し、どのようにご自身を啓示されたかに関係している。また書き記された神の御言葉の集成としての聖書のなかに、どうして戦いの記事まで取り入れられるに至ったかということにも関係している。現代社会においては、戦争が頻発しているように、古代イスラエルの時代にも戦いは繰り返されていた。それなら、啓示の書としての聖書の一部に、どうしてあれ程多くの戦いに関連した記事が書き記される必要があったのであろう。

第三に、倫理の問題である。これもまた複雑な問題である。キリスト教に固有な倫理的教えは、新約聖書だけから汲み取られるのだろうか。それとも、倫理的教えは、新約聖書と旧約聖書の両者に基礎をもつのであろうか。キリスト教の倫理を考える際、新約聖書と旧約聖書の聖書全体がともに不可欠であるとするなら（十戒はまさに旧約聖書のなかにあるが）、新旧両約聖書は、戦争が合法的なもの（legitimately）として行われる場合があることを裏付ける根拠となるのであろうか。戦いが合法的に行われるとしても、戦いそのものは新約聖書の倫理的教えとは何らかの点で矛盾対立することになるはずである。

このように、戦争そのもののうちに内在している理解しがたい問題点を要約するだけでも、戦争の問題全体が旧約聖書と新約聖書の関係にかかわりをもつことはいうまでもない。実際、これらの戦争に関連した問題に答えるにも、新約聖書を開いて読む必要がある。しかしまた、新約聖書に向き合うには、一つの前提があることを自覚すべきである。すなわち、それは、新約聖書に助けを求める前に、わたしたちは旧約聖書の理解にまず全力を注がねばならないのである。しかも、旧約聖書、新約聖書においても、そのなかにある様々な難解な個所がいかに理解困難であるとしても、旧約聖書そのものの研究を避けて通ったり、旧約聖書は新約聖書に比べると「二級品」の啓示でしかないなどと判断したりすることのないよう、最初から十分に注意しておかねばならない。わたしたちが受け継いできたキリスト教の遺産に忠実であるためにも、新約と旧約両聖書をともに堅持することはきわめて重要である。そのどちらか一つを退けるなら、つまるところ、聖書全体を拒絶することにもなりかねない。新約と旧約の両聖書をいい加減に扱うことは、何はともあれ避けねばならない。正典としての聖書は、旧新両約聖書の二つから成り立っているからである。確かに、新約聖書と旧約聖書の関係を理解するということはきわめて難しい。しかし、正典としての聖書の一部分を問題にするとしても、聖書全体を問題にする必要がある。複雑な問題を簡略化しようとする時、聖書はしばしば、読者を、「その問題を取り上げるか無視するか」という二者択一の状況に追い込むことがある。あるいは、正直にいえば、また別の方法が考えられるかもしれない。それは、取り上げるのでも無視するのでもないような方法であり、そのような中途半端な取り組みは危険きわまりない。最後に、忘れるべきでないのは、新約聖書が書かれて、それが正典となるのに先立つ第一世代のキリスト教徒にとって、旧約聖書のみが唯一の書き記された聖書であったことである。たとえ、わたしたちが新約聖書に高い評価を与えることが正しいとしても、旧約聖書など主イエスや第一世代のキリスト教徒のためだけの聖書であると考え、旧約聖書をあまりにも軽々しく無視することはどうしても避けなければならないのである。[2]

Ⅲ

これまでに取り上げてきた個人的で内的な性質に関連した問題の他にも、本質的に外的な問題がある。それは、旧約聖書の内容が好戦的であり、キリスト教のあらゆる時代を通し、キリスト教と戦争の間には一貫して密接な関係があるという理由から、キリスト教批判がなされる場合に繰り返し出てくる問題である。キリスト教に対するこのような批判の根拠には、どのようなものも大きな違いはない。キリスト教と戦争との関連性を問う問題は、ほとんどの場合、旧約聖書に特別な解釈を下すことによって生じてくると思われる。[3] 従って、このような時、聖書やキリスト教のどの点が批判されているかについて明らかにすることが大切なことはいうまでもない。すなわち、これらの批判は、キリスト教の敵対者たちがキリスト教攻撃のために行っている場合もあるだろう。しかしまた、このような批判は、キリスト教が主張する真理を自分のものにしようと願いながらも、(愛や平和という) キリスト教の主張と (憎しみや戦争という) 現実を何としても調和させようと考えている人々が行う場合もある。それらの批判は、まさに、彼らの深い苦悩から出てくるものであろう。

ところで、そのような批判は、次のような明確な形を取ってなされることがある。すなわち、その批判とは、旧約聖書に基礎をもち、歴史において一貫して見いだされるキリスト教と戦争の間の長年にわたる関係性を考えると、キリスト教のメッセージなど正直なところ、神の人間に対する愛の表現であるはずはないというものである。一例を示そう。筆者は、本書のまさにこの第一章を書いていた時、カルガリー大学で行われた、「キリスト教は、いつ、誰に、何をしてきたか」、という刺激に富んだ主題をめぐる討論会に参加した。討論者の一人は、アメリカ合衆国において名をはせた、しかも大胆な発言をすることで有名な無神論者、マデリン・マーレイ・オヘアであった。彼女は、その討論会において、自分がまだ幼かった頃、週末には必ず旧約聖書を通読していたことを回顧しながら、それに関連し、殺人、残虐行為、戦いなどに満ちた旧約聖書の内容に、当時、その頃すでにショックを受けていたと感想を述べた。筆者は、この反応が正直なものであることに、いささかの疑いを差し挟むつもりはない。しかし同時に、キリスト者として旧約聖書を読む場合には、彼女のような反応を示すはずはないとも考えた。それは、キリスト者の多くについていえば、聖書を熟知していればいるだけ、聖書本文が示す文面どおりの意味内容とは異なる、より高次の理解をもとに聖書を読むことになるという、単純きわまりない理由があるからである。ところがオヘアは、このような聖書理解に反発し、無神論者となっただけでなく、キリスト教批判のための熱烈な活動家となったのである。

しかし、聖書に対する批判は、オヘアのように明確な形を取ってではなく、漠然となされる場合もある。たとえば、十七世紀以来、大きな影響力を与えてきた哲学者スピノザは、『神学・政治論』（一六七〇年）の緒言で、啓示としての聖書に鋭い批判を展開し、宗教などは戦争を意図的に行わせるような否定的意味しかもたないと指摘した。聖書とのかかわりを断ってからのスピノザにとって、聖書は権威なきものとなり、せいぜい倫理的ないし敬虔的生活にいくらかは役立つかもしれないという程度のものとなった。[4]

ここでさらに、最近のいくつかの重要な研究論文を検討することを通し、聖書にきわめて強い批判が展開されていることを確認しておこう。もちろん、それらの批判を正しく評価することは価値のあることであろう。特にそのような研究が、キリスト者によって行われ、キリスト者の自己点検を迫るものであるとすれば、なおさら価値があろう。問題の研究は、エルバート・W・ラッセル（Elbert W. Russell）が著した「キリスト教と軍国主義」という主題の研究論文である。[5] ラッセルは、キリスト教内部における軍国主義に関する態度の研究を行った。彼の結論は、キリスト教の各教派にせよ個々のキリスト者にせよ、正統的になればなるほど、それだけ一層、その態度は軍国主義的になるということであった（このような普遍的法則の例外は、ユニテリアン派とクエーカー教徒であった。ちなみに、ラッセル自身はクエーカー教徒である。〔訳者注・ユニテリアンは、三位一体説を否定する一神論者、第一位格の神が唯一の真の神とする。クエーカー教徒は、フレンド派ともいわれ、良心的兵役拒否を行うことで有名〕）。キリスト教史を通してキリスト教が一貫して主張し続けた目標の一つは、平和であった。しかし、ラッセルは、自らの研究結果が、キリスト教が語り続けた平和という目標とは異なる結果となっていることを明らかにした。ラッセルのこの研究に関して注目されるべき点がもう一つある。

それは、キリスト教の内部に見いだされる軍国主義の起源を考察していくと、明らかに、それらが共通して旧約聖書に遡ることができるという事実である。

ラッセルのこのような論点については、一般的に二つの点において論評することができる。第一に、ラッセルの研究論文は、キリスト教の正統派や主流派を批判することを主たる目的として書かれたものではないのである。実際、ラッセル論文を掲載した研究書の編者は、そのあとがきで、この論文により提起された問題を念頭に、キリスト者に平和に関してそれぞれの考え方を吟味しなおすようにと勧告している。第二に、ラッセルが提示した結論には妥当性があるということである。（軍事的態度に関する心理学的考察という）ラッセルの研究方法論には限界があり、疑問の余地は残るとしても、彼の結論には妥当性があるとされている。つまり、ラッセルが下した結論の一般的な妥当性は、教会の歴史に照らしてみても、また過去三十年の東アジアで生起した〔朝鮮戦争やベトナム戦争などの〕戦禍に際し、大多数のキリスト者が果たした（あるいは果たさなかった）役割からみても自明のことと思われる。残念ながら、教会は戦争の邪悪さに声を合わせて反対を叫ぶという一貫した伝統をもって来なかった。さらにいえば、戦争に反対する声は、一握りの人々があげただけであった。この点で、キリスト教は決して例外ではなかった。なぜなら、世界の主要な宗教的伝統のほとんどは、たとえば仏教のように平和主義的基盤に立つ宗教でさえ、時には醜悪な行為に及んだことは明らかである。[6]しかしながら、ここでラッセル論文を紹介することにしたのは、要するに、キリスト者は戦争に関係した様々な問題をめぐって、自己点検の必要を迫られていることを示したかったのである。キリスト者自身のためだけでなく、キリスト教以外からの批判に耳を傾けるためにも、キリスト者は自己点検しなければならない。いずれにせよ、キリスト者は、旧約聖書の戦争に関連した問題に正面から向き合い、そのために問題を理解しようとしなければ、聖書やキリスト教信仰に対する批判に明確に回答することはできないであろう。

Ⅳ

これまで、旧約聖書における戦争に関連した問題をいくつか取り上げた。そこで、最後に、どうしてこのような問題を詳細に論じるのか、その理由を明らかにしておこう。以下五つの理由を上げるが、何点かはすでに述べたことの要約にすぎない。しかし、その他の理由は、本書の主題である戦争という問題の重要な側面を提供することになろう。その理由は、以下のとおりである。

一、キリスト者として、旧約聖書を読み、そこから何かを学び取ろうとするなら、旧約聖書に出てくる戦争とかかわりがある多くの節や句を理解するために必要な包括的な視野を確立しておかねばならない。

二、聖書やキリスト教に対する批判に、わたしたちが知的に答えるためには、まず批判がどのような問題をめぐって出されているのかについて、明確に理解していなければならない。

三、第三の点は、旧約聖書における戦争という問題をなぜ理解しなければならないのかについて、きわめて重要な理由を示す。この第三の理由は、一人の研究者の現代の戦争や平和に関する研究に基づいたものである。それはアナトール・ラパポート（Anatol Rapoport）の研究で、彼はその戦争の哲学に関する重要な論文のなかで、[7] わたしたちに、（たとえば、地震、大洪水、干ばつのような）自然現象と人為的現象の違いに注目するようにと述べている。すなわち、人為的現象は、自然的現象と異なり、たいていの場合、大多数の人々がその現象をどのように考え、どのようなものと捉えるかによって大きな影響を受けるという。さらに明確にいうなら、人為的現象としての戦争という問題は、ほとんどの場合、人々が戦争についてどう考え、どう発言するかによって、大きく左右されるという。キリスト者は、人間社会のなかの小さな群れにすぎない。しかし、そのキリスト者の態度や行為こそが、今後の戦争について大きな影響力を与えるのである。もちろん、キリスト者の影響力は、戦争を推進するか阻止するかのどちらかに力を発揮することになろう。キリスト者が戦争について明確な態度を取りたいとするなら、何よりも先に旧約聖書を含む聖書全体において、この戦争の問題がどのように取り扱われているかについて、何らかの知識をもつ必要がある。

四、旧約聖書に出てくる戦争という問題を研究する第四の理由は、第三の理由と密接に関係している。旧約聖書は、新約聖書とともに、キリスト教教育、とりわけ若い人たちの教育に広範に用いられている。これらの若人を教育するにあたり、旧約聖書が神の言葉として提示される時、旧約聖書は必然的に若者の態度形成にかなりの影響を与える。この点については、キリスト教には不思議としかいえない伝統が存在している。すなわち、〔本質的に善きものとされている〕人間の男女の性差に由来する問題がきわめて注意深く取り扱われるのに対し、〔本質的に悪とされている〕人間間の葛藤については、たとえ問題にされても、さほど重要視されてはこなかった。たとえば、これはおよそ千六百年前に記されたものであるが、一人の「教父」は、古代だけでなく近代においても見いだされる態度について巧みに説明している。聖ヒエロニムス〔聖書のラテン語訳、ウルガタを完成した初代の教父〕は、友人の妻に、その娘のことについて書き送った手紙で、次のような注意を与えている。「あなたのお嬢さんが、歴代誌や列王記を読まないで、雅歌〔ソロモンの雅歌〕を読まれることには感心できません。お嬢さんが、歴代誌や列王記を読まれないと、雅歌が霊的な愛について述べていることを理解できないと思うからです」、と。[8] ここで心に留めておきたいのは、聖ヒエロニムスは、いわば「ヴィクトリア王朝風」の保守的で道徳的なきまり悪さから、ソロモンの雅歌の美しい愛の詩をもて余しているのではないということである。彼は、むしろ若い少女でも、歴代誌や列王記にも、たとえそのなかに好戦的な記事が満ち溢れているとしても、苦もなく取り組むことができると考えていたようである。また、教育研究家のマリオン・J・ベネディクトは、今世紀初頭、聖ヒエロニムスとは違った見解を示している。すなわち、「教育者が、子どもたちに〔旧約聖書の戦争を取り扱った〕章句を用いて、神が戦争を起こされ用いられることがあると教えても、控え目に述べても、歴史的背景や時代特有の倫理的意味合いを教えないなら、子どもたちに戦争に対する反感を植えつけることなどできない」[9]、と述べている。ベネディクト自身の旧約聖書における戦争についての理解は、今日ではやや時代遅れの感をぬぐえない。とはいえ、彼女の指摘は重要である。彼女の関心は、子どもたちが戦争について抱く態度にある。しかも、彼女は、子どもたちに好戦的態度を抱かせようとして、それに役立つように聖書を用いているのではない。むしろ彼女は、聖書を通して、子どもたちに平和的な態度を抱かせるためのカリキュラムを提示したい、と考えているのである。このことは確かに大切なことである。しかし、子どもの教育にあたり、平和的な態度を植えつけるための教育には、わたしたちが、何をおいてもまず、聖書を理解する努力を積み重ねることが必要なのである。

五、旧約聖書における戦争という問題を研究する究極の理由は、わたしたちが生きているまさにその世紀の根本にある特性と関係している。人間の歴史は、どの世紀をみても、戦争と平和によって織りなされている。しかし、二十世紀においては、特定の地域の範囲内に限られた戦争も数多く勃発したが、地球規模の戦争が行われたのである。それは、どのような平和についての議論もただむなしさを感じさせる大規模な戦争であった。しかも今世紀に起こった二つの世界大戦は、一つのより重大な事象によって決定的な影を人類に投げかけた。一九四五年八月六日、原子爆弾が実戦の場で初めて用いられ、広島に投下された。その三日後には、二つめの原子爆弾が長崎に落とされた。ひと夏のこの三日間に、人類の歴史に新しい幕が切って落とされ、人間が全能の力を発揮する新しい時代の到来が告げられた[10]。人類は原子力研究や核兵器貯蔵技術の発達により、全能者の姿を誇示することになった。しかも、人類が獲得した力は、創造者としての神がもつ創造的な力とは全く異なり、六日もたたないうちに全被造物を壊滅させることが可能になった。この恐るべき破壊力の脅威にさらされる時、大多数の人間は、生きていくために、核の力の脅威の前に道徳的無感覚を装い始めた[11]。もちろん、このことを通して人類は、さらに核の危険性を増し加えることとなった。キリスト者は、このような時代において、核がもたらす大惨事という潜在的な脅威も、無数の「小規模」な戦闘も、いずれをも無視することは許されない。わたしたちは、他のすべての人々とともにこの地球に住む市民であり、地球の将来は、少なくとも幾分かは、わたしたちの決断にかかっているからである。わたしたちには、伝統的な形の戦争であれ核戦争であれ、現代の戦争のもつ様々な次元を理解し、平和を築く道を模索する努力を続ける責任がある。[12] 筆者は、戦争の良心的拒否が、戦争に対する十分な解決を与えるとは思っていない。しかし、故ジョン・F・ケネディ元大統領のいくつかの発言に耳を傾けると、わたしたちが根本的な変革を迫られていることがよく理解できる。「戦争は、良心的拒否者が、今日、軍人たちが享受しているものと同じ名声と威信を獲得する、はるか将来のその日まで決してなくなることはないであろう」[13]、と。しかし、わたしたちは、戦争や平和の本質について、また戦争や平和に関して、わたしたちが求められている役割は何かについて、明確な解答を得たければ、何よりもまず、わたしたちの立場とされる聖書が何を述べているかについて明確にさせる必要がある。

V

次の第二章以降に論じる事柄の内容が、これまで述べてきたことを通して明確になったと思う。そこで、第二章では、旧約聖書に盛り込まれているいわゆる「旧約聖書における戦争の遺産」について端的に述べる。このことを通して、旧約聖書における戦争という問題の重大性や、その問題を研究する必要性が十分に理解できるであろう。次に、第三章では、「戦士としての神」の問題について検討する。その過程で、旧約聖書に見いだされる戦いに関連した基本的な問題について一つひとつを取り上げる。それらの考察を通して、旧約聖書の戦争に関連した問題のいくつかが、さらに明らかになろう。一つの問題を明確にするだけでは、必ずしもその問題に解答を与えたということにはならない。しかし、最終的には、旧約聖書における戦争という問題に暫定的な解答しか提出できないかもしれないが、その問題の解答にどのような要素が必要かについて明らかにすることができるであろう。また、それらの解答は、結論の章で、包括的に示すつもりである。

注

1　著名な古典学者マイケル・グラント（Michael Grant）は、古代史を問題とする時、戦争は最も頻繁に登場してくるもので、古代史を解くきわめて重要な主題であると述べている。彼の『古代史』（*Ancient History*, New York: Harper Torchbook, 1965; first published in 1952, pp. 128-152.）、参照。

2　この個所では基本的問題のみを取り上げているので、読者のなかには、戦争という問題は、人為的問題、あるいは現代的現象であると理解する方があるかもしれない。しかし、筆者は、別の機会に、戦争は旧約聖書時代に特有な問題でも、旧約聖書の著者や編者のみの問題でもないことを論証した。拙稿「ヤハウェは戦士である」（"Yahweh is a Man of War," *Scottish Journal of Theology* 22 [1969], pp. 183-188.）、参照。また、ジョン・H・ヨウダー（John H. Yoder）も、イエスやその弟子たちが、旧約聖書に出てくる戦いについて、どういう見解を抱いていたかに関連して考察を加えている。そこでは、ヨウダーは、イエスや弟子たちを問題にする場合、彼らを現代的に捉えようとして考察することは危険であると述べている。ヨウダー『イエスの政治観』（*The Politics of Jesus*, Grand Rapids: Eerdmans Publishing Co. 1972, pp. 86-89.）、参照。とはいえ、筆者は、旧約聖書における戦争という問題は、確かに幾分かは、今日の時代になって初めて問題となりえた主題であると考える。今日の旧約聖書の読者たちにとっても、戦争は現実的な問題であることに変わりはない。しかも、この問題が正しく理解される時には、この問題はもはや「問題」としての意味をもたなくなるであろう。

3　この点については、第二章でさらに詳細に論じる。

4　より十分な説明を望む方は、拙論「スピノザの旧約聖書の高等批評に対する影響」（"The Influence of Spinoza in the Higher Criticism of the Old Testament," *Evangelical Quarterly*, 50/1 [1978], pp. 23-32.）、参照〔スピノザの以上の視点については、畠中尚志訳『神学・政治論――聖書の批判と言論の自由――』（岩波文庫、一九四四年、上、下）の上巻、「緒言」の四四―四五頁、参照〕。

5　この研究はカナダ平和研究所（Canadian Peace Research Institute）の援助で発行されている『平和研究』（*Peace Research Review* 4/3 [1971]）に掲載されている。フランク・エップ（Frank Epp）『平和への戦略――キリスト教平和主義者の考察――』（*A Strategy for Peace: Reflection of a Christian Pacifist*, Grand Rapids: Eerdmans Publishing Co., 1973, p. 107.）、参照。

6　おもな宗教的伝統と戦争との関係に関する詳細な研究としては、ギュンター・レヴィ（Guenter Lewy）『宗教と変革』（*Religion and Revolution*, New York: Oxford University Press, 1974.）、参照。

7　この論文は、カール・フォン・クラウゼヴィッツ（Carl von Clausewitz）『戦争論』（*On War*, Harmondsworth: Penguin Books, 1968. ドイツ語原典は一八三二年に出版されている）の新版の序として書かれたものである。この著書については、本書第四章において詳細に論じる〔第四章参照、日本語訳には、篠田英雄訳『戦争論』岩波文庫、上・中・下、三巻、一九六八年、参照〕。

8　この文章は、H・J・シェーンフィールド（H. J. Schonfield）『雅歌』（*The Song of Songs*, New York: Mentor Books, 1959, p. 12.）に引用されている。

9　マリオン・J・ベネディクト（Marion J. Benedict）『旧約聖書の神と戦争との関連』（*The God of the Old Testament in Relation to War*, New York: Teachers College, Columbia University, 1927, p. 164.）、参照。

10　さらに拙論「三〇年後の広島——力の政治の考察——」（"Hiroshima After Thirty Years: Reflections on the Politics of Omnipotence," *The Chelsea Journal* 1/4 [1975], pp. 163-166.）、参照。

11　R・W・ガーディナー（R. W. Gardiner）『冷徹な破壊兵器——近代兵器と道徳的無感覚——』（*The Cool Arm of Destruction: Modern Weapons and Moral Insensitivity*, Philadelphia: Westminster Press, 1974.）、参照。

12　この点に関する有益な参考文献としては、アラステア・バッカン（Alastair Buchan）『近代社会における戦争——その序説——』（*War in Modern Society: An Introduction*, London, Collins, 1966.）がある。

13　このケネディ元大統領の言葉は、下院議員で牧師でもあるロバート・F・ドリナン（Robert F. Drinan）が『タイム』誌（*Time*, September 30, 1974, p. 17.）にあてた手紙に引用されている。

第二章　旧約聖書の遺産としての戦争

I

わたしたちは、第一章で、二十世紀に生きるキリスト者として、当然取り組まねばならない旧約聖書における戦争の問題のいくつかの側面について考えてきた。そこで次に、（およそ紀元前二世紀の）旧約聖書が書き終えられる頃まで、今世紀から歴史を二千年程遡って、いくつかの点について考えることにしよう。旧約聖書はこの二千年を通じて、キリスト教徒やユダヤ教徒によって一貫して読み継がれてきた。旧約聖書はまた、イスラーム教にも、キリスト教徒が認めてきたものとは異なる役割を果たしてきた。旧約聖書は、キリスト教世界のなかだけでなくユダヤ教やイスラーム教世界にも、他の書物では考えることのできない絶大な影響を与えてきた。その理由は旧約聖書の本質を考えると誰にでも理解できるであろう。すなわち、旧約聖書は、単なる歴史物語として受け取られてきたのではない。それは、キリスト教徒やユダヤ教徒にとって神の啓示の書であり、ムスリム〔イスラーム教徒〕にとっても特別に意味ある書物とされてきた。旧約聖書は、啓示の書として、人間の信仰や行為に影響を与えてきた。なぜなら、旧約聖書には、啓示の書としての神的権威が付与されているからである。旧約聖書がとりわけ強い影響力を発揮したのは、戦いに関する考え方についてであった。旧約聖書は、戦争や国家観に関する理論的根拠づけにも利用され、また戦いを実施するにあたり大いに活用された。もちろん、その理論と戦いの遂行は、別ものとして展開される時もあった。ともかく、旧約聖書は、理論的根拠づけや戦いを行うことを正当化し合法化する時にも、常に引き合いに出された。しかし、旧約聖書が戦争に与えた影響力は、考えてみると理解しがたいことがあり、そのために過去を振り返ってその影響を跡づけようとしても困難を覚えることもある。

さて、旧約聖書が後世に残した遺産はというと、しばしば戦争に関する考え方であったことは明らかである。つまり、旧約聖書の戦争の遺産は、宗教的な信仰や実践に関していえば、ある意味では、民衆や国家が戦争を用いることを推進するもとになった。このような点で、旧約聖書の影響を考えると、それは、旧約聖書の意味と目的を根本的に誤解していたことに基づくものであり、明らかに正当性を欠く。しかし、旧約聖書がわたしたちに、現実に戦争という遺産を提示しているのは、旧約聖書に見いだされる戦争に関する遺産を再検討してみる必要があることを示しているのである。戦争という遺産の検討は、旧約聖書を誤って解釈することに潜んでいる危険性を、他のいくつかの教訓とともにわたしたちに想起させるであろう。さらに重要なのは、戦争という遺産の検討は、わたしたち自身とその時代が、軽々に過去の過ちを二度と繰り返すことがないように、旧約聖書における戦争という問題の継続的研究こそが喫緊の課題となることを明確に教えてくれることになろう。

次節以下に述べることは、旧約聖書が二千年以上にわたって戦争に与えてきた影響の体系的な分析を主眼とするものではない。それはむしろ、イスラーム教、キリスト教、ユダヤ教の歴史をもとに、三つの寸描を試み、それを通して旧約聖書の影響がいかに深く、かつ大きかったかを例証することである。この点で本研究の範囲は、意図的に、キリスト教の枠を超えるものであり、従って、キリスト教の立場から旧約聖書を釈義するという試みはあえてしていない。キリスト教徒、ムスリム、そしてユダヤ教徒の相互の関係は、各宗教間の相剋によって、あまりにもしばしば損なわれてきた。しかも考えてみれば、その相剋は、ある意味では、いずれも旧約聖書に起源をもつ、上述してきた戦争の問題に類似したイデオロギーに基づくものであった。従って、今ここで、より広い視野にたって問題にアプローチできるならば、キリスト者がキリスト教以外の宗教的伝統の本質について幅のある理解を深めていくためにも、大いに益することになろう。

Ⅱ

イスラーム教の宗教的伝統において、中核をなすものが何であるかは、ジハード（*jihād*）という言葉に明確に示されている。しかし、この語はイスラーム社会においてさえ誤解されており、西欧社会についていえば、流布している誤解にははなはだしいものがある。ジハードという言葉は、しばしば「聖戦」を意味するといわれるが、文字どおりの意味は、「懸命に努力すること（struggling）」または「奮闘すること（striving）」である。イスラーム教の初期の法学者は、ジハードを、意味上四種類に分けて説明している。それは、(イ)「心」のジハード（霊的戦い）、(ロ)「手」のジハード（身体的努力、仕事、労働）、(ハ)「舌」のジハード（説教や議論を熱心に行うこと）。(ニ)「剣」のジハード（戦争に際し戦闘に携わること、ここから「聖戦（holy war）」という意味が派生した。なぜなら、あらゆる種類の活動に熱意をもって携わるのは、「アッラー／神の道にかなう」ことであったから）である。[1] このように、ジハードという語について専門的に検討すると、明らかに、それはきわめて限定的な意味においてのみ、戦争を指していたにすぎない。また、現代人の解釈者たちは、イスラーム教ではその語がたとえ戦争を意味するとしても、おもに「防衛戦」を指して用いられていたと指摘している。[2] しかしながら、戦争は、イスラーム教の歴史においても、かなり初期から実際に用いられ、預言者ムハンマドの時代にもすでに採用されていた。旧約聖書は、イスラーム社会において行われた戦争の宗教的イデオロギーの形成に、ある程度影響を与えていた。[3] 従ってここで、戦争がムハンマドの時代に、どのように用いられたかについて、まず一般的な意味において検討し、次に、旧約聖書と戦争に訴えることとの間に特別な関係があることを考察し、以下、論を進めていきたい。[4]

ムハンマドは、メッカの地で西暦五七〇年頃に生まれた。その後六一〇年頃から、彼は、神（アッラー）がムハンマドを預言者としての生涯を送るようにと召しておられ、そのため啓示が与えられているという確信を次第に強く抱き始めた。その啓示はメッカの人々（ムハンマドの故郷メッカに住むアラブ人たち）にとっては、宗教的にも社会的にもきわめて深い意味をもつメッセージであった。預言者ムハンマドは、約十年、およそ六一三年から六二二年にかけて、隣人であるメッカの市民にメッセージを語り続け、次第に信奉者を増やしていった。しかし一方で、彼は、メッカの有力な商人貴族たちから激しい迫害を受けることとなった。迫害は次第に厳しさを増し、その結果、六二二年には、メッカから聖遷（ヒジュラ *Hijrah*）せざるをえなくなり、ムハンマドと彼に信服するムスリムは、メッカから北へ離れること二百マイルを超えるオアシスの地メディナに拠点を移した。しかしながら、メディナ聖遷後も、メッカの商人貴族たちによる預言者ムハンマドへの迫害は終わることがなかった。

ムスリムたちは、メディナを拠点としていた時代に、次第に宗教的な行為として武力を用い始めた。初期においては、武力行使は、アラビアでは伝統的にきわめて限定された形を取る戦闘、ラッジア（*razzia*）（「襲撃」）の際に取り入れられた。この種の戦闘は、もっぱら防衛的意味において行われていた。とりわけ、この戦闘は、後の絶えることがないメッカ側の侵略行為に対する防衛的戦いを意味するものであった。ところが、この戦闘は、いつか、防衛的なものから侵略的なものへと移行していった。また、この戦闘は、小規模であったが、特定の目標達成のために行われた。しかし、理論的には、侵略のための戦争でも、防衛目的の戦争と解釈することができた。純粋に軍事的観点から判断すると、ムハンマドが行った戦争は、明らかに侵略的であったが、それは防衛のためと解釈することができた。より大きな視点からすれば、その戦争は、メッカが絶えず仕掛けてきた攻撃に対抗するためであり、その結果、防衛のために行われたといえなくもなかった。[5]

（軍事的な意味において）防衛のための戦争が侵略目的の戦争へと移行していったのは、おそらく（西暦六二四年の）バドルの戦い以降のことであろう。その戦いは、砂漠において弱小ムスリム軍と有力なメッカ側大軍との間で行われた。兵員数においてメッカ軍は優勢であったが、勝利はムスリム軍に与えられた。ムスリム軍は、その勝利が神に対する彼らの信頼が正当なことの何よりの証拠と考えた。「使徒よ、戦いの時は信者を激励しなさい」（『聖クルアーン』八章戦利品章六五節）という句は、おそらく、バドルの戦いの後に味わうこととなった勝利の喜びと、今後も引き続き必ず勝利するに違いないという思いを反映したものであろう。[6] しかし、このバドルの戦い以後、ムスリムが単なる防衛戦という枠を超え、侵略を旨とする軍事政策を取る時代に転換したことは、歴史的証拠に照らして明らかである。

バドルの戦いにおける勝利をめぐって『聖クルアーン』が示した解釈はきわめて重要な意味をもつ。すでに述べたように、『聖クルアーン』の八章戦利品章六五節は、バドルの戦い後のムスリムの意気軒昂たる様子を反映しているように思われる。そのことを記している同じスラ、ー（*surah*）（章）のなかには、ヘブライ人たちの出エジプトに際し、神が「エジプトの王の民」に勝利されたという旧約聖書の記事について言及されている（八章五五節以降）。イスラーム教の戦争に関するイデオロギーは、『聖クルアーン』のここで引用した章（戦利品章）にも含まれているが、それは、実際、古代イスラエルの戦争についてのイデオロギーと完全な対応関係にある。ムスリムが、イスラーム教を信奉しない者たちと交戦する際には（『聖クルアーン』八章一七節によると）、実際に戦うのはムスリムではなく、正確にいえばアッラーの神であった。これと同じく、旧約聖書に出てくるエジプトのファラオやその軍隊に勝利したイスラエルの民を祝福する勝利の歌は、戦いの勝利の栄光を、イスラエルの戦士たちにではなく神に帰している（出エジプト記一五章一―一八節）。神がイスラエル人にとって「保護者と避難所（新共同訳聖書、力と救い）」である（出エジプト記一五章二節）のと同様、アッラーはムスリムにとって「守護者」（『聖クルアーン』八章四〇節）であった。[7]『聖クルアーン』のこのスラーの内容は、明らかに、イスラエル人が出エジプトを敢行した時の記事と対応しており、ムハンマドが、（聖戦という戦いの伝統の初めとされる）旧約聖書の出エジプトと、バドルの戦い及びそれに続くムスリムの経験との間に、密接な類似関係をみていたことは明らかである。[8]ムハンマドが、旧約聖書の本文に精通していたかどうか、彼がキリスト教徒やユダヤ教徒の知人（メディナには当時ユダヤ人も居住していた）から旧約聖書の内容を聞き知っていたかどうかについては、確かなことはいえない。しかし、ムハンマドが、戦争とともに他の事柄に関しても、[9]何らかの形で旧約聖書から影響を受けていたことは明らかである。

イスラーム教の歴史においては、とりわけ、イスラーム教が急激に勢力を拡大していった初期の時代には、信仰の軍事的側面（すなわち「剣のジハード」）に大きな比重がおかれる傾向があった。今日のイスラーム社会でも、信仰の軍事的側面が、時として大いに強調されることはある。たとえば、極端な例を上げるなら、インドにおいて異端とされるハークサール（Khaksar）運動〔インドにおいてイスラームの支配を打ち立てようとして結成された民族的運動、一九三一年成立、戦闘的であったとされる」がそれである。[10] しかし、イスラーム教の伝統ともいえる好戦的な特徴は、もとをただせば旧約聖書にその起源をもつのである。ただし、本章のこの第Ⅱ節を、より建設的な余韻を残して閉じようとすれば、現代のムスリムの思想に関する限り、ほとんどのムスリムは戦争に反対する立場を明確にしており、より建徳的な意味におけるジハードの伝統を取り入れようとしている事実を指摘することができるであろう。[11]

Ⅲ

さて、旧約聖書は、イスラーム教に対するよりはむしろキリスト教により直接的な影響を与えてきた。影響の与えられ方がイスラーム教とキリスト教とで異なる理由は、聖書がキリスト教においてどのような地位を得ていたかを考えると明らかとなる。すなわち、旧約聖書は、キリスト教においては神が啓示された書物であり、その啓示の故に権威あるものとされてきた。従って、キリスト教の思想家たちは、歴史を通じ、政治理論を構築する場合、特に戦争に関する考え方を明らかにする場合に、旧約聖書を念頭におくことは当然のことであった。どのような政治理論も、当然のことながら、旧約聖書の教えと対応した関係があり、旧約聖書がそれらの政治理論を支持していることが明らかにされねばならなかった。旧約聖書の原理は、キリスト教社会においてはきわめて重要であり、自らはキリスト教徒でないと公言している者たちでさえ、たとえば、トマス・ホッブズがその著『リヴァイアサン』において、またスピノザがその著『神学・政治論』において実際に行っているように、どのような政治理論家たちも、自らの立場を論じるに際し、旧約聖書に十分な注意をはらう必要があった。[12]

旧約聖書が、特に、政治理論の構築を志す思想家たちにまで影響を与えるとは、奇妙なことに思えるかもしれないが、それは、確かに政治理論に影響を与えてきた。というのは、政治理論家たちは、自らの戦争論を補強するために、旧約聖書の教説を取り入れることに何の戸惑いも感じなかったからである。こうして、戦争に関しては、他の事柄についても同様であるが、旧約聖書釈義の歴史においては信じられない程、客観性のない相対的釈義が施されることとなった。その一例を、出エジプト記三二章二六—二八節を通して検討してみよう。ここには、レビの子たちが、神から直接に命令を受け、偶像崇拝を行ったイスラエルの人々を虐殺した次第が記されている。[13] アウグスティヌスによると、これらの節は、この世の法の執政官と見なされるモーセが指揮して実行した宗教的迫害の記録であるという。これは、アウグスティヌスの時代には、この世の法の執政官が、限られた範囲内で異端者を迫害することは義（justification）と認められていたことを示している。トマス・アクィナスは、おそらく彼自身の時代を特徴づけていた十字軍的精神を想起しつつ釈義を施したのであろうが、将来にそれほど影響を与えることはないとしても、神の直接的御業として聖書のその個所を解釈した。従って、アクィナスは、善人の悪人に対する戦いを正当な行為とは見なさなかった。ジャン・カルヴァンは、この個所について、神の意志を自ら積極的に行おうとした聖徒たちの姿勢を述べたものと解釈した。旧約聖書のこの節は、カルヴァンの時代の聖徒、つまり「選ばれた民」にとって、悪事を行う者を諫めるための戦いには熱心に加担すべきことを勧める引証聖句となった。

ところで、（この前のパラグラフで述べた政治理論の視点は、当時の時代のありのままの状況と密接に関連していることに注意していただきたいが）、旧約聖書の影響や遺産は、前掲政治理論の文脈において取り扱った聖書釈義個所とは異なるところにも見いだされる。おそらく、旧約聖書が与えたあらゆる影響のなかで最も恐るべき例としては、十字軍を上げることができるであろう。ここで簡単に、第一回十字軍を例に取り上げてみよう。第一回十字軍〔一〇九六―九九年〕はエルサレム攻略で最高潮に達したが、その場所に居住していたムスリムたちが敗北したのは一〇九九年七月十五日のことであった。その勝利は、身の毛もよだつような殺傷によってもたらされた。キリスト教の年代史家によれば、その出来事では、およそ一万人にも及ぶムスリムが、大モスクのなかで打ち首にされた。七月十六日、モスクの周辺は、血と死体でむせ返っていたという。（おもにキリスト教の聖職者よりなる）年代史家たちは、この数字を喜びとともに記録し、これを「正義（justice）」がなされた証拠とみて賞賛した。[14]皮肉なことに、キリスト教世界に平和をもたらすために行われた十字軍は、旧約聖書の聖戦（the Holy War）というイデオロギーを復活させる以外に何の役割も果たさなかった。十字軍の参加者が愛好した聖句は、旧約聖書から取り出されたもので、「主が課せられた務めを／おろそかにする者は呪われよ。主の剣をとどめて／流血を避ける者は呪われよ」（エレミヤ書四八章一〇節）であった。[15] もちろん、十字軍は、中世のキリスト教世界のなかだけでなく、キリスト教世界を超えたところに存在していた複雑な力関係の影響下で行われたことを見逃してはならない。すなわち、十字軍は、旧約聖書から示唆を受けて始められたものではない。ところが、旧約聖書は、十字軍に参加した者たちに、戦争に対し理論的な土台を提供するものとなった。あの七月十五日の惨劇を行った者たちが、自分たちの勝利は、「キリスト教全体が正当化されること（justification）」を意味していると主張する時、彼らが良心に照らして何らやましいものを感じていなかったことは明らかである。

以上はほんの二、三の例にすぎないが、その気になれば他の例を示すことも難しくない。たとえば、アメリカの南北戦争においては、南北両軍とも、戦いの理由を正当化するために、常に旧約聖書を自由自在に引用した。[16] このように、キリスト教内部では、戦争という手段に訴える時には、絶えず旧約聖書が潜在的な影響を与えてきたことは明らかであった。こうした歴史の教訓から、わたしたちは、旧約聖書を厳密に研究する必要を身にしみて感じる。わたしたちはそのような研究を積み重ねて初めて、聖書そのものの文脈において、旧約聖書のメッセージを理解することができるようになる。また、旧約聖書を、人間の目的にそって、勝手に折り曲げて理解する危険性を知らしめることにもなる。

Ⅳ

ユダヤ人がタナク（*Tanakh*）と呼んでいる旧約聖書[17]は、ユダヤ教で最も中心的な聖典として、二千年以上のユダヤ教の歴史を通して保持されてきた。旧約聖書は、ミシュナ〔ユダヤ教の律法〕やタルムード〔ミシュナとその注解のゲマラからなるユダヤの律法と伝承〕とともにユダヤ教の信仰や生活の指針としてその役割を果たしてきた。しかし、戦争との関連においてユダヤ教徒は、多くの場合、キリスト教徒が旧約聖書から受けた程大きな影響は受けなかった。ユダヤ教徒にとって、戦争とは、国家が行う行為（もしくは、おそらく、より限られた意味においてではあるが、国家に反逆するために結集された行為）であった。そして、過去二千年、いわゆるキリスト教国家が多数存続してきたのに対し、ユダヤ教徒たちはパレスチナにおいても、〔離散したユダヤ人たちとその境遇を指す〕ディアスポラの民として、いかなる国のなかでも、常に、少数派共同体を形成せざるを得なかった。彼らはかつて自らすすんで戦争を行う立場に立ったことはなく、いつも偏見と迫害の犠牲者として甘んじてきた。しかもキリスト教徒は、イエスがユダヤ人であり、イエスが弟子たちのすべてに、隣人を愛するようにと教えられたことを知っていたにもかかわらず、ユダヤ人をあまりにもしばしば迫害し、その責めを負う立場にあった。

二十世紀に入って初めて、ユダヤ教徒のなかにシオニズム〔パレスチナの地にユダヤ人国家を建設しようとするユダヤ人の民族運動〕を説く者が登場するに及んで、独立国家としてのイスラエルが、紀元前五八六年以来久しぶりに再建されるに至った。ところで、現代のイスラエルは、憲法の定めるところによれば、法的にはユダヤ人国家ではない。それは、より一般的な意味においては、確かにユダヤ人国家ではある。しかし、実は世俗的な民主主義体制を採用している近代国家の一つである。そして、シオニズムは、狭義においては、宗教運動ではなく、ユダヤ人の間に発生した宗教とは無関係の一種の民族救済運動である。[18] もちろん、運動としてのシオニズムと、国家としてのイスラエルは、ともに旧約聖書から様々の形の影響を受けている。最も大切な概念として祖国（*land*）〔旧約聖書にしばしば登場し、神の契約と密接な関係をもつ語。この意味で祖国とは、神が神の民に与えられた安住の地である。シオニストにとってその地はパレスチナを指す〕と帰還（*return*）は、シオニズムにとって根本的な意味をもつのである。この点では、最も世俗的で社会主義者でもあるシオニストの指導者たちも、彼らの理想を述べるにあたり、旧約聖書を拠り所とした。たとえば、後にイスラエルの首相となったダヴィッド・ベン・グリオン（David Ben Gurion）は、『至上命令としてのユダヤ革命』（一九四四年）を書くにあたり、聖書的な理念や聖書の御言葉（特にエレミヤ書四二―四三章）を各所に引用している。[19]

しかしながら、旧約聖書がシオニズムに与えたいわば現代的な影響と、旧約聖書がキリスト教の歴史に与えてきた影響を同列におくことなど到底できない。旧約聖書がキリスト教に与えた絶大な影響力は、旧約聖書は神の啓示であるとする信仰に特色づけられており、そのため戦争という手段に訴える時にも、常に戦争は神的な権威と正当性を付与された。それに対し、宗教とは無関係のシオニストたちが政治的イデオロギーの形成にあたって利用した旧約聖書は、キリスト教徒たちが一般に考えていたものとは性質を全く異にしていた。つまり、シオニストにとっての旧約聖書は、古くから、ユダヤ人に歴史的・文化的な伝統の一部と見なされてきたのであり、それは、現代においてもなおユダヤ人たちのなかに息づいている伝統でしかなかった。旧約聖書は、現代に生きるユダヤ人たちが、おもに、自らをその先祖と現在の祖国を一体化するための媒介者としての役割を果たすものとして今日に至っている。従って、旧約聖書は、シオニストの大部分にとっては、彼らの世界的闘争に神的な支持を与える役割を担うものではなかった。

ユダヤ教に関する議論を終えるにあたり、旧約聖書が戦争によって提起される問題にどのような影響を与えてきたかを例証するため、また、気分を滅入らせる戦争という問題から目をより建設的な方向に向けさせるため、ここでユダヤ教初期の歴史に遡って、戦争の問題を考察しておくことにしよう。

イエスの公生涯を含む紀元一世紀に、パレスチナのユダヤ人のなかには一つの政治的党派が発生した。それは紀元およそ六年のことで、ガリラヤ人ユダによって創設された政党は、ローマによるユダヤ支配がもたらしたユダヤ人のローマ従属に終止符を打つことを目標に掲げていた。その政党はその後、熱心党〔急進的で熱狂的なユダヤ愛国主義者による結社〕と呼ばれるようになった。一方で、サドカイ派〔ユダヤ教内の一派、上流階級のユダヤ人が形成した保守的現実主義者よりなる〕は、ローマの法律をそのまま受け入れ、ローマ人に仕え、彼らに支配されることをよしとしていた。ファリサイ派〔ユダヤ教の一派で、律法をどこまでも厳守することを特徴として、律法主義者とも称される人たちよりなる〕は、政治には無関心で、ただ神の律法への服従を強調していた。また、エッセネ派〔ユダヤ教の一派で、農業を中心にした共産的生活を営みつつ脱世間的生活を旨とする人たちからなる〕は、終末の到来を待ち望むのみで、世俗の流れに背を向けていた。従って、当時、積極的な政策を掲げて活動していたのは、熱心党のみであった。熱心党は、実力行使と戦争のみによってユダヤ人は解放されると考えていた。彼らの戦争イデオロギーは、マカベア家〔ユダヤ人指導者の一族で、王朝を築いた。ハスモン家ともいう〕がユダヤを治めた時代〔紀元前一六七―三七年〕に起源をもつが、究極的には旧約聖書から導き出されたものであった。イスラエルは、かつては確かに王をいただく独立した国家であった。すなわち、熱心党が、彼らの道を思いどおりに突き進んでいたなら、再びそのような国家が形成されていたことであろう。

熱心党の勢いは、数十年、反乱を企て実力を行使する闘争を行った後、紀元六六―七〇年にかけて最高潮に達した。紀元六六年、熱心党はますます力を増し加え、死海西岸にあるマサダ(Masada)の城塞を占領した。その直後には、エルサレムまでも征服した。しかし、熱心党は、潤沢な補給源をもつローマ軍を相手に、勝利の見込みのない戦いを行っていたにすぎなかった。数年後、紀元七〇年に、ティトゥスの率いるローマ軍はエルサレムを奪回すると、報復としてエルサレム神殿を破壊した。熱心党員の一部はマサダの城塞にたてこもって敵対し続けたが、彼らもまた七三年春には、ローマ軍に対峙し、全員集団自殺を遂げた。

戦いに敗れたこと自体は、宗教としてのユダヤ教にとって悲しい結末であったろうが、真に悲劇的なことではなかった。なぜなら、何よりもまず、ユダヤ人の大多数は、ローマ軍と戦うことなど決して願ってはいなかったからである。彼らにとっての悲劇は、エルサレム神殿が破壊されたことにあった（それはその後、再建されなかった）。エルサレム神殿の破壊によってユダヤの歴史に一つの時代の終わりが画された。ここから学ぶべき教訓は、まさに、エルサレム神殿の破壊という悲劇を経験したユダヤ人たちの示した反応のなかに見いだされる。そしてそれは、ユダヤ人たちのみでなく、現代に生きるキリスト者にとっても真に学ぶに値するものなのである。

著名なユダヤ人学者ジェイコブ・ノイズナーは、エルサレムにおいてユダヤ人の神殿が破壊された後、ユダヤ人たちに突きつけられた二つの選択可能性について、それらを鋭く対照させながら描いている。ローマ軍によって攻略されたエルサレムの住民は、次の二つの道のどちらかを選び、エルサレムを後にせねばならなかった[20]。一つの道は、エルサレムからマサダの城塞へと続いていた。それは熱心党の残党が選択した道であった。熱心党員は、その道の終着点を死守しようとして勇敢に戦った。しかし、先は見えていた。結局、熱心党員は一人残らず、ローマの軍団に包囲されて集団自殺を遂げざるを得なかった。彼らは、最後まで、彼ら独特の戦争のイデオロギーを堅持し、旧約聖書時代を再現させるというヴィジョンを抱き続けた。ユダヤ教の将来が、熱心党の手にのみ委ねられていたら、ユダヤ教は紀元七三年に、すでに絶滅していたことであろう[21]。

もう一つの道はエルサレムの西にあるヤブネ（ヤムニア）へと続くものであった。この道は、ヨハナン・ベン・ザッカイを指導者とするユダヤ人の一部が選択したものである。そのヤムニア地方には、エルサレム神殿が破壊されて神殿礼拝が不可能になった後、ユダヤ教がどのような形のユダヤ教復興を待ち望んでいたかを示す数多くの証拠が見いだされる。その復興の原動力は、トーラーすなわち律法及びトーラーの教えを、生活の全領域に適応させていく試みのうちにあったといえよう。

V

キリスト教徒たちは、これまで、繰り返し、「マサダへの道」ばかりを選び取って、歩んできたのではないだろうか。彼らは旧約聖書のなかに、自分の行動を支持する証拠を見いだし、その軍事的行動を勇気あるものと考えてきた。しかし、彼らは、旧約聖書が提示しているメッセージの全体に目を向けようとして来なかった。過去に犯した過ちの危険性を熟知している現代のキリスト者は、「ヤムニアへの道」をこそ選び取らねばならない。その道とは、旧約聖書の本文を注意深く研究するという道であり、旧約聖書が原則として教えていることを、生活や信仰に適用していくことでもある。次章三章以降に述べることは、この「ヤムニアへの道」を進みゆくことにつながるとは思わない。しかし、三章以降は、その道を目指して歩んで行くために益する一つの指針を提供することになるのではないかと考えている。

わが子よ、わたしの教え（トーラー）を忘れるな。
わたしの戒めを心に納めよ。
そうすれば、命の年月、生涯の日々は増し
平和（シャローム）が与えられるであろう。

（箴言三章一―二節）

注

1 この問題の詳細な分析については、M・ハッドゥーリ（M. Khadduri）『イスラーム法における戦争と平和』（*War and Peace in the Law of Islam*, Baltimore: Johns Hopkins Press, 1955.）、参照。

2 付言すれば、現代の『聖クルアーン』の解釈者たちは、ジハードに関してはその軍事的な側面をできるだけ弱めて解釈しようとしている。J・M・S・バルジョン（J. M. S. Baljon）『現代イスラーム教聖クルアーン解釈』（*Modern Muslim Koran Interpretation*, Leiden: Brill, 1968, pp. 108-109.）、参照。ジハードが、本来、防衛のための戦争を意味していたという解釈については、ハムダー・アブダール－アチー（Hammudah Abdel-Ati）『イスラームにおけるジハード』（*Al-Jihad in Islam*, Islamic Culture Administration: Al-Azhar University, 出版年不詳）とアフマド・A・ゴールウォッシュ（Ahmad A. Galwash）『イスラーム教』第二巻（*The Religion of Islam,* Vol. II, Studies in Islam Series, no. 13: Supreme Council for Islamic Affairs, Cairo, 1966, pp. 271-293.）、参照〔防衛戦が中心であった一つの証拠とも考えられるものとして、日本ムスリム協会発行『日亜対訳・註解　聖クルアーン』（一九八二年、三四頁）の第二章雌牛章一九〇節を掲げておこう。「あなたがたに戦いを挑《いど》む者があれば、**アッラー**の道のために戦え。だが侵略的であってはならない。本当に**アッラー**は、侵略者を愛さない。」以下、『聖クルアーン』の日本語訳については、この日本ムスリム協会発行を用いる。この個所の注釈には、「一九〇節から一九五節まで聖戦について記される。非戦闘員には危害を加えず、樹木や収穫物を損傷せず、敵が降伏すれば講話して敵意を解消するのがイスラームにおける聖戦である」（三四頁）、とある。本書第二章、注5、参照〕。

3　旧約聖書がイスラーム教にどのような役割を与えたかについては、イスラームにおいて起こった戦争についての簡単な考察の後で、改めて検討するつもりである。

4　ムハンマドの生活と活動の細部にかかわる問題を知るには、かなり専門的な議論を必要とするであろう。このすぐ後の段落で叙述する、疑問の余地のないものとして受け入れられている解釈は、W・モンゴメリー・ワット（W. Montgomery Watt）の著作『予言者及び政治家としてのムハンマド』（*Muhammad, Prophet and Statesman,* London: Oxford University Press, 1961.）に依拠している〔邦訳、牧野信也・久保儀明訳『ムハンマド――預言者と政治家――』（新装版）、みすず書房、二〇〇二年。ムハンマドの伝記について、他にも容易に入手できるものとしては、井筒俊彦『マホメット』（講談社学術文庫、一九八九年）を推薦する。これは一九五二年に弘文堂アテネ文庫として出版されたものであるが、これが「忠実に再現」され出版された〕。

5　『聖クルアーン』のなかに出てくる戦闘命令の大部分は、自己防衛のためか、または敵の先制攻撃のいずれかに対して下されたものである。たとえば、『聖クルアーン』の第二章雌牛章一九〇―一九三節と、第二二章巡礼章三九―四〇節、参照。あらゆる戦いが防衛のためのものであった、と主張しようと考えている人にとって、解釈が困難な個所は、いわゆる「剣の節」（第九章悔悟章六節）であろう（悔悟章六節は、「もし多神教徒の中《うち》に、あなたに保護を求める者があれば保護し、アッラーの御言葉《みことば》を聞かせ、その後かれを安全な所に送れ。これはかれらが、知識のない民のためである」（二二三頁）となっている。ちなみに、悔悟章五節は、「聖月が過ぎたならば、多信教徒を見付《みつ》け次第《しだい》殺し、またはこれを捕虜にし、拘禁し、また凡《すべ》ての計略（を準備して）これを待ち伏せよ。だがかれらが悔悟して、礼拝の務めを守り、定めの喜捨をするならば、かれらのために道を開け。本当にアッラーは寛容にして慈悲深い方《かた》であられる」（二二三頁）、とある。このあとに続く第九章七節に出てくる「本当にアッラーは主を畏れる者を愛《め》でられる」の注釈として、「ムスリムは戦争の場合と同様、日常相手が誠実である以上、かれらに対して誠実でなければならない。敵が攻撃するまでムスリムは戦ってはならない。公私の日常生活上、ムスリムと非ムスリムを区別せず、あらゆる義務を完遂することをその神聖な務めとする、イスラーム道徳の基本的特徴である」（二二三頁）、とある」。本文と脚注に引用されている『聖クルアーン』の章節は、エジプト-アラブ版（Egyptian Arabic edition）による。

6　W・モンゴメリー・ワット（W. Montgomery Watt）『聖クルアーンへの招待』（*Companion to the Qur'an*, London: George Allen and Unwin, 1967, pp. 95-99.）、参照。

7　（ここの類比を際立たせてくれるものであるが）、イスラエルにおいて、「聖戦（Holy War）」という伝統の起源を画することになった出エジプトについては、以下の第四章「『聖』戦の問題」の章で展開するいくつかの論点、参照。「保護者と避難所〔新共同訳聖書では、力と救い〕」（出エジプト記一五章二節）の訳については、拙論（『旧約聖書研究』*Vetus Testamentum* 22 [1972], pp. 146-147.）、参照。

8　かなり専門的な部類の議論になりかねないが、今問題にしている論点を補完する証拠は、正邪（善悪）の識別（規準）アル・フルカーン（*al-furqān*）のうちに見られる〔アルはアラビア語の定冠詞に相当する。*furqān* は前掲（注2）、日本ムスリム協会発行『日亜対訳・註解　聖クルアーン』ではフルカーン、井筒俊彦訳『コーラン』上、下（岩波文庫、一九五七年）ではフルカーン、とルビを入れている。いずれも日本語訳としては、この語を「識別」と訳しているが、井筒は、「フルカーンという語には、多くの解釈があって決定的な訳はできない」（上、一九頁）と注釈している〕。『聖クルアーン』に記されたフルカーン（*furqān*）の慣用は、二様のニュアンスをもっているように思われる。ある場合には、その語は、動詞ファラクァ（*faraqa*）から派生した一般的な意味「分離、分割」を意味する。しかし、ある場合には、その語は、「救い、解放」を意味し、（キリスト教徒たちが用いている）古代シリア語のプールカーナー（*pūrqānā*）に由来する。モーセ〔『聖クルアーン』は、ムーサーと訳している〕は、『聖クルアーン』の二章雌牛章四八—五三節で、「啓典と（正邪の）識別〔フルカーン〕」を与えられている。すなわち、ここで、この正邪の識別、アル・フルカーンという語は、出エジプトの際、「神があなたがたのために、海の水を分かたれた（*faraqna*）」時の「救い、解放」と関連している。この出エジプトの出来事に関する並行記事は、『聖クルアーン』の八章戦利品章二九節と四一節に見られる。そこでは、バドルの戦いの勝利が、「救済の日」（正邪の識別の日 *yawn al-furqān*）として意味づけられている。さらにいえば、この正邪の識別を意味するアル・フルカーンという語は、ムハンマドが、出エジプトとバドルの戦いを、密接に対応させて考えていたことを証明している。この点に関する他の論及や資料については、E・W・レーン（E. W. Lane）『アラビア語－英語辞典』第一巻、六部（*An Arabic-English Lexicon*, Bk. I, Part vi, New York: Frederick Unger Publishing Co., 出版年不詳、二三八五頁）や、R・ベル（R. Bell）『聖クルアーン入門』（*Introduction to the Qur'an*, Edinburgh: Edinburgh University Press, 1953, pp. 136-138.）、また同じく、ベル『キリスト教環境におけるイスラーム教の起源』（*The Origin of Islam in its Christian Environment*, London: Frank Cass & Co., 1968.）などがある。

9 『聖クルアーン』に見いだされる聖書的題材に関する詳細な索引また論点については、H・スパイヤー（H. Speyer）『聖クルアーンにおける聖書物語』（*Die Biblischen Erzählungen im Qoran*, Hildesheim: Georg Olms Verlag, 1971; 初出、一九三一年）、参照。

10 この運動の創始者「アル－マシュリキ（Al-Mashriqi）」は、ジハードの問題に関してヒトラーと議論したことがあるといわれる。他には、J・M・S・バルジョン（J. M. S. Baljon）『聖クルアーンの解釈』（*Koran Interpretation*, pp. 11-12.）や、W・C・スミス（W. C. Smith）『現代インド社会におけるイスラーム教』（*Islam in Modern India*, Lahore, 1946.）、参照。

11 ムニール・フセイン（Munir Husain）の「現代のジハード」（"The Jihād of our Times," *Islamic Literature*, Lahore, 14/2 [1968], pp. 19-22.）、参照。また、K・G・サイヤディン（K. G. Saiyadain）「平和をめぐる世界諸宗教間のシンポジウム」（The International Inter-Religious Symposium on Peace, New Delhi, 1968.）で発表された論文、参照。これは、H・A・ジャック（H. A. Jack）の編集による『世界宗教と世界平和』

（*World Religions and World Peace*, Boston: Beacon Press, 1968, pp. 49-57.）に再録されている。

12　このように、スピノザは、哲学者が哲学する自由をもち得るような国家的特質を理論的に明らかにすることをその仕事としていた。しかし、彼の『神学・政治論』（一六七〇年）は、聖書、特に旧約聖書の批判に終始していた。

13　以下要約的に述べていることについては、マイケル・ウォルツァー（Michael Walzer）の論文「出エジプト記三二章と聖戦の理論——引証の歴史——」（“Exodus 32 and the Theory of Holy War: the History of Citation,” *Harvard Theological Review* 61 [1968], pp. 3-14.）、参照。

14　ジョン・グレイ（John Gray）『エルサレムの歴史』（*A History of Jerusalem*, London: Robert Hale, 1969, pp. 236-237.）、参照。

15　R・H・ベイントン（R. H. Bainton）『キリスト教徒の戦争と平和に対する態度』（*Christian Attitudes toward War and Peace*, Nashville: Abingdon Press, 1960, p. 112.）〔邦訳、中村妙子訳『戦争・平和・キリスト者』新教出版社、一九六三年〕、参照。

16　他に、G・H・ギルバート（G. H. Gilbert）『聖書の平和と普遍的平和』（*The Bible and Universal Peace*, New York: Funk and Wagnalls, 1914.）も参照。おそらく、この伝統に対する最も鋭い批評は、マーク・トウェイン（Mark Twain）の「戦争の祈り」（“The War Prayer”）であろう。これは、ケイ・ボイル（Kay Boyle）とジャスティン・ファン・グンディー（Justine van Gundy）『死ぬのはうんざりだ——平和を願う声——』（*Enough of Dying: Voices for Peace*, New York: Dell Publishing Co., 1972, pp. 92-95.）に再録されている。

17　タナク（*Tanakh*）は、キリスト教徒が、「旧約聖書」として位置づける三十九巻本に対して与えられたユダヤ名である。これは、旧約聖書の主要部分をなすトーラー（*Torah*）、すなわちモーセ五書、ネビイーム（*Nebi'im*）すなわち預言書と、ケツビーム（*Kethubim*）すなわち諸書の、それぞれのヘブライ語名の頭の綴り字から合成された語である。筆者は、実用的な目的のために、これ以降の諸節で、「旧約聖書」という語を〔タナクの代わりに〕今後も用いる。ただし、「旧約聖書」という語は、内容において、ユダヤ教の聖書〔タナク〕に相当する語と解釈できると仮定して、その語を使用する。

18　過去、現在を問わず、シオニストの多くは、熱心なユダヤ教徒である。ただし、ユダヤ人ではあるが、ユダヤ教徒（信仰者）ではない者たちもなかには存在している。しかし、シオニズムとは、実際的な意味において、完全に実利的で政治的運動であると解されている。

19　この本文については、A・ヘルツベルク（A. Hertzberg）編『シオニストの思考』（*The Zionist Idea*, New York: Harper Torchbooks edition, 1966, pp. 606-619.）、参照。

20　ジェイコブ・ノイズナー（Jacob Neusner）『ヨハナン・ベン・ザッカイの生涯』（*A Life of Yohanan ben Zakkai*, Leiden: Brill, 1969, pp.174-176.）、参照。

21　実際には、熱心党が占領したマサダの城塞がローマ軍によって破壊された後も、約六十数年にわたってユダヤ教の内部には、軍事的ナショナリズムが生き続けていた。しかし最終的に、紀元一三五年、ローマ軍が、バル・コクバ（Bar Kochba）の反乱を鎮圧したことによって、その軍事的ナショナリズムも終息した〔このマサダの戦いに関する詳細な研究書としては、イガエル・ヤディン著、田丸徳善訳『マサダ――ヘロデスの宮殿と熱心党最後の拠点――』（山本書店、一九七五年）を推薦する。著者は、マサダの城塞の発掘を通し、その考古学的な資料を駆使し、熱心党のマサダ防衛の姿を明らかにしている」。

第三章　戦士としての神

栄光に輝く王とは誰か。
強く雄々しい主、雄々しく戦われる主。

（詩編二四編八節）

I

冒頭に引用した詩編二四編は、旧約聖書のなかに記されている「戦争の遺産」の内容を、また違った形で、その縮図として描いている。この点は、現代史に登場する二人の人物をみても明らかになるであろう。

第二次世界大戦中、（後に陸軍元帥になった）モンゴメリー大将は、連合軍のノルマンディ上陸を前にして彼の指揮下にある第二一軍団に激励の言葉を送った。そのメッセージの最後は、「わたしたちは、祈ろう。戦闘にあたり、勇ましい主が、わたしたちとともにあるように。また、たとえ苦戦する時にも、主の格別なる摂理が、わたしたちに味方するように」、という祈りで締め括られていた。[1] メッセージも祈りも、ともに旧約聖書の詩編からの影響を受けていた。それらはいずれも、旧約聖書の内容がベースにあった。メッセージと祈りの両者の類似性は、決して偶然ではない。モンゴメリー大将は素直にキリスト教信仰を受け入れており、新約聖書や旧約聖書を絶えず読み続けていた軍人であった。彼は、神が祈りに答えてくださる方であり、進軍に際し、常に神が自分と指揮下の兵士たちとともに居られることを、心から信じて疑わなかった。

二つめの例は、ジョージ・S・パットン大将によるものである。彼は、一九四四年一月一日に、「陸路でも海路でも、かつてわたしたちを栄光へと導かれた、わたしたちの父なる神よ。願わくはあなたの聖霊による豊かな導きが、たとえかつて経験したことのないような激しい戦闘となろうとも、引き続きありますように。わたしたちに、再び、勝利をお与えください。主よ、お願い致します」、という有名な「兵士の祈り」[2]を記している。パットン大将はモンゴメリー大将同様、キリスト教信仰に生きており、彼もまた旧約聖書を愛読し、戦闘に際しても祈りの力を信じていた。

二人の著名な軍人は、神と戦争を結びつける点において、例外的な人物ではなかった。彼らはいかなる意味においても神学者ではなかったが、ともに一般のキリスト者として、常に聖書に親しんでいた。しかも、彼らが旧約聖書から汲み取ったことと、その職業経歴の間には、矛盾を感じさせるものは何一つなかった。旧約聖書に明確に示されているように、神は過去の歴史においては戦士であり、ご自身が選ばれた民のために常に戦われる方であった。それでは、現代社会において、神は、どうして戦士として受け止められなくなったのであろうか。

いうまでもなく、戦士として神を理解することに関連し、モンゴメリー大将やパットン大将が抱いていた反応とは全く異なる反応を示す人たちがいる。キリスト教神学者として有名なレーヴンは、第二次世界大戦勃発直前に出版した著書において、モンゴメリー大将などとは異なる結論を述べている。[3] 彼はまず、「旧約聖書は、近年まで、霊感されたものとして、新約聖書と並んで受け入れられてきた。しかし、旧約聖書の大部分が、わたしたちの主イエス・キリストの父なる神よりも、むしろ戦いの神に栄光を帰している」、と述べ、その点に注目するようにという。レーヴンは、旧約聖書が描いている神の姿と新約聖書が指し示す神の姿の違いを調和させることなどできないと考えた。レーヴンにとって、旧約聖書が描いている神は、「わたしたちの主イエス・キリストの父なる神」とは、根本的に異なっており、このことから、旧約聖書は、結局、退けられねばならないと考えたのである。[4]

上記の対照的な二者の立場は、現代に生きるキリスト者として旧約聖書を読む時に誰しもが直面するディレンマを放置できないことを示すため、意図的に取り上げたのである。神は、旧約聖書においては、明らかに古代イスラエルの戦いに参画しておられる。しかも、これも明らかなことであるが、一方、新約聖書はわたしたちに、戦争とキリスト教信仰が説く神とは全く相容れないものであることを信じるようにと教えている。わたしたちは、事実、互いに愛し合うように、敵すらも愛するように、と勧められている（ルカによる福音書六章二七節）。これは、神が愛なる方であるからである。それでは、神は、一方で人を愛される方でありながら、他方では好んで戦争に携わられる方なのだろうか。この問いに率直に答えようとするなら、答えは否である。従って、今、単純に旧約聖書を否定することはあまりにも極端にすぎるといえる。なぜなら、旧約聖書は、最も初期の世代のキリスト教徒たちから、一貫して、キリスト教の聖書の一部として堅持されてきたからである。

Ⅱ

以上の考察から、今求められているのは、神を戦士として捉えることの重要性を理解させるための解答を見いだすことにある。神を戦士として理解することなど、手に余るとして単純に放棄したり、その結果、旧約聖書そのものを廃棄したりすることは、いかなる解決にもならない。何らかの解答を出すには、当然、旧約聖書を検討すること、それも神の姿が戦士として描かれている旧約聖書の文脈を全体として理解すべく、努力を重ねることが肝要である。これらを行って初めて、神を戦士として捉えることが原始的であるか、それとも「前キリスト教的」であるか、また、キリスト教信仰と本質を異にするものであるか、さらに、神を戦士として理解することから、実際、きわめて深遠な事柄を学び得るかどうかについて、明確な解答を得ることができるであろう。

しかしながら、それを行うにあたっては、真っ先に、戦士としての神という主題は、旧約聖書の重要な主題の一つで、旧約聖書の他の主要な主題に照らして決して末梢的なものではないことを強調しておきたい。本章の冒頭に引用した詩編二四編の聖句は、意味上特別視されることは何もない。なぜなら、神が直接民とともに戦われたことを示す例は、旧約聖書には他にも数多く見いだすことができるからである。類似した聖句は「海の歌」（出エジプト記一五章一―一八節）にも見いだされるし、そのなかで神は、その聖句の序を構成する部分において「いくさびと」として誉めたたえられている。[5] おそらくそれより重要なのは、旧約聖書の記者たちが、神の称号として通常用いるものの一つ、「万軍（文字どおりには軍隊〈*Armies*〉）の主」（Lord of *Hosts*）であろう。この称号は、旧約聖書において二百回以上用いられている。その称号が、すべての文脈において、重要な意味をもっているかどうかは、必ずしも明確ではない。しかし、その称号が用いられた最も初期の用例の意味を確かめると、神とイスラエルの軍団が直接結びつけられていることは明らかである。[6] また、「万軍の主」という称号が、常に契約の箱と関係しているという点も注目に値する（たとえば、サムエル記下六章二節）。契約の箱は、神が、戦場において、神が民とともに戦われていることを、象徴的に示すものであったからである（特に、民数記一〇章三五―三六節、参照）。

このような例は他にも多くある。[7] イスラエルの民は、神の律法に従って敵に立ち向かい敵を打ち滅ぼすようにと命じられていた（申命記二〇章一〇―一八節）。エジプト軍を海に投げ込まれたのは神であり（出エジプト記一五章二一節）、また愛する者のために、太陽が勢いよく昇るように勝利をもたらされ、ご自身に敵対する者を滅ぼされたのも神である（士師記五章三一節）。イスラエルの軍団は、出陣に先立って、どの軍が先に出撃すべきかについて神に問うている（士師記一章一節、二〇章一八節）。また戦いに勝利した場合には、少なくとも手続き上、戦利品は主に献納されることになっていた（サムエル記上一五章）。戦士としての神という概念（concept）を意味づけるために寄与する、このような聖句は数限りなくある。それでは、今日、聖書を読む者は、戦士として神を意味づけるこれらの聖句が提起する問題に納得のいく何らかの解答を提示されているといえるであろうか。この点に対する解答を示唆する前に、ここでは、次に、旧約聖書を読む多くのキリスト者たちが、戦士としての神という問題に取り組みもせず、またそれを素通りしてしまうことの神学的意味を考えてみることもせず、この戦士としての神の問題を避け、そこから「撤退の道」を選ぼうとするなら、まずその退路を断つ必要がある。

Ⅲ

問題が難しいとして退却する道には、いろいろなものがあるといえよう。たとえば、戦士として神を認識することなど、原始的で、前キリスト教的な理解の仕方であるという人がいるかもしれない。つまり、彼らは、ヘブライ人は当時、他の国の民同様、彼らの神を単純に戦争と結びつけて考えていたと理解するのである。つまるところ、彼らは、ヘブライ人は（今日のわたしたちとは違って）神について粗悪で低次元の見方しかできないような、文化的に洗練されていない民族であって、そのような神の理解は、結局、新約聖書の時代になって必要とされなくなった、と指摘するのである。このような浅薄な主張には、明らかに一つの重要な前提がある。つまり、その前提は、神を戦士として捉えることは、要するに、人間自身が神に対して下した解釈にすぎず、神の性質及び御業についての啓示ではないとする。そして、神を戦士として捉えることなど、たかが人間の解釈にすぎないとされ、それ故に、その解釈は、別に捨象されても差しさわりない程度の事柄であり、神を愛なる神と捉える高次元で粗悪ではない神理解へと取ってかわられたというものであった。

しかしながら、一連のこの種の議論には、神学的見地からすると、微妙な落とし穴が隠されているといわざるを得ない。それは何よりもまず進歩的啓示（progressive revelation）の概念を、宗教の発展（または進化）論（a developmental <or evolutionary> theory）と混同する誤りを含んでいる。[8] 進歩的啓示とは、神が自己啓示される頻度が増大し、時間の経過とともに、神についてはより多くのことが知られるようになるとする考え方である。従って、啓示における進行（progression）は、初期に啓示された内容を否定したり取り消したりすることではない。それは、単に、初期の啓示内容を補うものなのである。しかし、これまで概略を述べてきた神を戦士として捉えることなど省いてもよいとする主張が実際に指摘しようとするのは、旧約聖書は神の自己啓示及びその記録を含んでいるのではなく、旧約聖書はむしろ人間自身による神の探究を描いている記録にすぎないということなのである。[9] 換言するなら、この議論は、神学的には、啓示としての旧約聖書を排斥することになる。つまり、それは、旧約聖書は神の自己啓示を内容としているのではなく、むしろ旧約聖書は、戦いに関連した、もともと人間が行うにすぎない事柄を、神の御業を示す証拠と解釈しなおそうとするもので、人間が古くから抱いていた企てを書き記したものであるとする。それは、ヘブライ思想においては、神は確かに戦士であったかもしれないが、今や人類は成熟してきたものとして、そのような古い考えなど捨てるべきものであると主張するのである。[10]

神を戦士として認識することから撤退することは、いくつか他に、重大な問題を含んでいる。一つは、戦士としての神の認識を避けて通る時、旧約聖書神学で最も重要かつ中心的な問題の一つを無視する結果を招くことになるからである。[11] この点は、本章の議論が進むにつれて、次第に明らかになるであろう。しかも、この神を戦士として捉えることをやめるなら、新約聖書の理解にまで疑念が投げかけられることになる。ステパノもパウロも、神を戦士として捉えることを決して拒絶しなかった。それは、彼らが、古代イスラエル人が神を戦士として捉える契機となった出エジプトについて取り上げた時、神こそイスラエル人をエジプトから導き出された方であると述べて、その偉大な御業に言及していることによって明らかである（使徒言行録七章三五―三六節、一三章一七節、参照）。このような理由から、明らかに、神を戦士として記している旧約聖書には、より高い評価を与えなければならないのである。

ところで、「主こそいくさびと」（出エジプト記一五章三節）という語句は、イスラエル人が出エジプトを祝って謳った古い讃歌のなかに見いだされる。イスラエル人は安全に海を渡り終えたが、一方追手であったエジプト人は海に投げ込まれて沈んでしまった。出エジプトに関連して起きたこの出来事は、厳密な意味においては、イスラエル人が実際に交戦したわけではなかったから、これを軍事的戦争として位置づけることはできない。しかし、イスラエル人のエジプトからの脱出は、戦いが終わり大いなる勝利として祝われた。彼らの信じる主なる神が、古代エジプトにおいて偉大な神の子と考えられていたエジプトの王、ファラオの精鋭部隊を打ち破られたからである。ヘブライ人はこうして、主なる神を一人の戦士であり、戦闘にあたって当時世界最強といわれたエジプトの軍隊にまさる強力な力の持ち主と信じるに至ったのである。

出エジプトにおいて神がエジプトに勝利されたことは、旧約聖書の教える宗教がいかなるものであるかを理解するうえできわめて重要である。なぜなら、その勝利は、神が啓示を与える際にとられる二つの基本的な様式の一つを説明しているからである。啓示の二様式とは、それぞれ、(イ)語られた言葉を通して与えられる神の自己啓示（すなわち、モーセや預言者を通して語られた神の言葉）と、(ロ)人類の歴史への参与を手段とする神の自己啓示とである。イスラエル人の出エジプトにおいては、後者(ロ)の様式が新たに示された。すなわち、神は、そこでは、イスラエル人の出エジプトの壮挙に直接参与されたといわれており、神はその出来事を通して、実際、神の存在と力を示されたのであった。

神が人類史の重要な出来事のなかにご自身を啓示されるというヘブライ人たちの確信は、神を戦士として理解する糸口を提供する。すなわち、旧約聖書において、神に関連して確認されるべき重要な事柄は、神は超越者であるにもかかわらず[12]、また内在者であること、さらに人間の歴史の構造のなかで起きる重要な出来事を通して生き生きと経験することができることである。人間的実存のなかで確かめられる神を知る経験は、ただ人間が口にし、書き記す言葉の範囲内においてのみ描写される。その他の手段によっては、人間として、（究極においてすべてに超越する）神を知ることなど全くできないのである。一人の碩学のラビは、タルムードのなかで、その点についてこう語っている。すなわち、「わたしたちは、神が創られたもののうちから拝借した言葉によって、神を叙述する。そうすることで、神は、人間の耳に馴染みのある方として、初めて理解できるようになるのである」[13]、と。

神を戦士と呼ぶことは、この世に内在する言語である擬人的語法を用いて初めて可能となる[14]。ただし、あらゆる人間の言語同様、擬人的語法には限界がある。しかし、神学的視点からすると、その擬人的な語法を取ることにより、人は言語そのものが普通に意味するよりより大きな神についての真理を指し示すことができるようになる。従って神を戦士として捉えることは、神学的に独特な意味深さをもち、その言葉がそのものとしてもっている真理よりはるかに大きな真理がそこに隠されていることが明らかとなる。そこで、その擬人的言語の研究を通し、わたしたちは、さらに深くその真理を追求していかなければならない。

　イスラエルの歴史を全体として検討していくと、神が出エジプトという重大な出来事を通して示された自己啓示は、神がイスラエル人の歴史に参与されたすべての例に照らし、そのなかの代表例といえないことは明らかである。一方、出エジプトの記事は、本質において奇跡的な出来事として叙述されている。他方、出エジプトに引き続き行われた、約束された土地に対するイスラエルの軍事的征服を物語る聖書の記述をみていくと、出エジプトの際とは異なる側面の神の参与が見いだされる。すなわち、約束の地の征服過程において、現実に敵に向かって戦ったのはイスラエル人であった。しかるに、それにもかかわらず、イスラエルに勝利を与えられたのは、まさに神であった。一方、イスラエルが約束の地を征服する場面においては、神の自己啓示は、奇跡的な重要な出来事を通してのみ示されているのではない。その啓示は、何よりも、神が選ばれた民である人間そのものの活動を通して、神もまたその御業を進めていかれる過程のうちに明らかとなるのである。ある意味で、神は、人間の通常の活動に参与されることによって、人間の活動の最終的な帰結を決定していかれた。すなわち、神は、戦士として、神の民の戦いを通して、自らもまた戦いを遂行されたのである。ここで、神が自らのご意志を、人間の通常の活動を媒介として提示されるとは、何を意味するかをさらに検討していくことにしよう。

神の人間の歴史への参与を通して明らかにされる自己啓示は、「救済史」[15]（*Heilsgeschichte*）という表現で叙述される場合がある。この「救済史」という表現はきわめて有効である。なぜなら、それは第一に、ヘブライ人の歴史理解が、根本において近代的歴史観によるものとは異なることを想起させてくれるからである。第二に、「救済史」という表現をとると、神の歴史に対する参与が特別な目的のもとで行われていたことを理解することができる。聖書の記述によれば、歴史は、閉じられた体系、すなわち、因果関係で完全に説明できるものではないし、また決して人間の意志や行為によってのみ決定されるものではない。[16] 人間の意志と行為も確かに根本において大切であるが、歴史はなお、ある意味で、神の摂理のなかにおいてこそ移り行き展開されていく。また歴史は、過去の出来事のみに関連するわけではない。むしろ、過去の出来事を通して感知できる神の人間の活動への参与は、歴史の今のこの瞬間ともかかわりをもち、しかも、将来においてすべてが完成する歴史の頂点に向かって続けられているのである。そして、その完成の頂点をなすものこそ、救済なのである。[17] 旧約聖書を読む現代のキリスト者の視点からすれば、このような歴史の当面の頂点――さしあたっての救い――は、主イエスのこの世への来臨において成就した。しかし、イエスの来臨という出来事は、そのまま直ちに、最終的な完成につながるものではなかった。

このような視点が「救済史」の本質をなすとするなら、神が人間の歴史に介入される時、神が手段として用いられる人間は、完全なものでも罪なきものでもないことが明らかとなる。なぜなら、神が歴史に参与される主たる目的は、人間の救いのためにあるからである。神は、確かに、この目的の達成のために、人間の歴史に参与された。それ故に、神が働かれるに際し手段として用いられる人間や、神が働かれる場としてのこの世界は、救われる必要がある。このことは、人間もこの世も、明らかに不完全であることを物語っているのである。

さて、ここでいよいよ、広大な救済史という視点に準拠して、戦争という特殊な問題に焦点をあてる時が来たといえよう。戦争は、人間的な活動である。さらに指摘するなら、戦争は罪深い人間の活動であり、同じ人類としての仲間たちに人間に固有な非人間性をさらけ出すことでもある。従って、神を戦士として描写するのは、神が、罪ある人間存在を用い、しかも「通常の」人間的活動を媒介として、なおも人間の歴史に参与しようとされる意志をもっておられることを明らかにすることなのである。神は、人間の生活を媒介としてこの世で働きを続けようとされる限り、この世の救済という目的のために、罪深い人間を用いられる。換言するなら、神は、この世に救いをもたらすために、救いを必要としている人間を、すすんで用いられる。

ここで、次の一つの点が、明確に浮かび上がってくる。それは、すなわち、この世における神の働きに、神の代行者として人間がかかわりをもつ時には、多かれ少なかれ、その神の働きには罪の深さを感じさせる要素がともなっているということなのである。しかし、理解しがたいこの点は、もう一つの側面に注意を向けさせることになる。すなわち、わたしたち人間が、神が人間の生活を媒介として人間の歴史へ参与されることをもとに、神の道徳性を把握しようとしても、それは本来許されることではないのである。神が人間の歩みに参与されるのは、道徳的存在者なる神としてではなく、むしろ神の意志と働きを人間に示すためにある。[18] 神は人間に救いをもたらすために働かれる。しかしまた、神は、この行為をなされるにあたっては、奇跡的な働きだけにご自身を限定して介入されるわけではない。[19] 神は人間のあらゆる側面にかかわりをもちつつ、救いを実現しようとしておられるのである。

　いうまでもなく、これまで試みた考察で、戦士としての神という問題が完全に片づいたというつもりは全くない。上述してきたことはせいぜい、この問題を理解するためにはどれほど広い問題領域を設定してかからなければならないかについて提示できたにすぎない。神を戦士として捉えることは、戦争を正当化するものでもないし、また崇高な目的達成のためには、手段としての戦争をある程度は正当化できるということを意味しているのではない。理論的には、すべてのものに生を与えられる神こそ、その生を取り去られる絶対的かつ二つとない権利をもたれる方であり、生命が奪われることを承知のうえで戦争の開始を命じることができる方なのである。従って、イスラエル人の行った戦いは、神の命令があった時にのみ「正当化される(justified)」といえよう。なぜなら、そのような戦いを命じる権利は、神以外のいかなるものももつことはできないからである。しかし、以上に述べてきた論点はいかなる点においても、神は、その働きを、人間のありのままの世界を舞台として[20]、罪深い人間及びその人間の活動を用いて進められる、という理解を前提として初めて成立するものである。そしてこの前提的な理解こそ、戦争の理解、すなわち、戦争は常に悪であることを理解するための、第一条件なのである。しかし、神が邪悪な人間的活動を媒介として人間の歴史に参与されるには、より積極的な目的もある。すなわち、それは神の審判を意味するのであり、さらに広い視点に立っていえば、神の恩寵と表裏一体をなすものである。このことから、状況によっては、明らかに、しばしば神が戦争において、その主権性を行使される理由が明確に提示されることがある（たとえば、イスラエルによる悪しき人間、及び国家に対する懲罰、または他国によるイスラエルに対する懲罰の場合などを見ればよい）。しかし多くの場合、それらの理由は、神がなぜ生命を創造されたか、また、この世になぜ自ら生命を賦与して、人々を生まれ出でさせられたかということに結びついた創造の奥義同様、神秘に包まれたままかもしれない。

　本章の初めから検討してきた難題には、以上で、部分的にではあるが解答を得ることができた。しかし、この解答は、次章以降において様々な視点から再検討が迫られることになる。とはいえ、ここに、旧約聖書における戦争という問題にとって重要な、予備的ともいえる視点が、明確に浮かび上がってきたであろう。その第一は、戦争が、古代及び現代を問わず、実際に絶えず繰り返されてきた歴史的現実と考えられることである。その際、神が王、すなわち、人間の歴史において究極的な主権者であるとするなら、神が戦争と何らかの関係をもたれるのは当然のこととなろう。必ずしもいつも明確なわけではないが、わたしたちは、戦争とは神が贖いと審判という二つの目的をもって積極的にかかわられた邪悪な人間の活動の一形式であるということも理解した。すなわち、神はこのような戦いに参与されるにあたり、まさに戦士であられた。

第二に、戦士としての神認識は、罪深い人間に希望を与えることもある。この世に生きる人間が、その歴史的存在のなかで、神の臨在を経験したいと考え、その必要条件が、当の人間及びその人間が行う諸活動が罪なきものでなければならないとするなら（少なくとも聖書的な視点からいえば）、人間は現実の生活をおくりながら神の臨在を経験することなど望むべくもないことは明らかである。とはいえ、神を戦士として捉えることは、人間はその罪深さによってどのような人間的窮地に陥った時でさえ、求めさえすれば必ず神を見いだすことができることを人類に力強く宣言することでもある。[21] もちろん、（たとえば、戦争というような）究極の状況においてさえ、神が臨在しておられるからといって、戦争が正当化されたり神聖化されたりすることは決してない。それでも、神の臨在は、どれ程人間が希望のない窮地に陥っている時でさえ、なお希望を与えてくれるものなのである。

注

1　モンゴメリー大将のメッセージの写しは、筆者の元同僚、カールトン大学（Carleton University）のオズボーン教授（Professor Robert Osborne）から入手した。モンゴメリー大将の宗教的信仰に関する簡単な紹介については、特に、ロナルド・レビン（Ronald Lewin）『陸軍司令官としてのモンゴメリー』（*Montgomery as Military Commander,* New York: Stein and Day, 1971, pp. 21-22.）、参照。

2　「兵士の祈り」は、エッセイム（H. Essame）『パットン——指揮の研究——』（*Patton: a Study in Command,* New York: Charles Scribner's Sons, 1974, p. 253.）から引用した。

3　C・E・レーヴン（C. E. Raven）『戦争とキリスト者』（*War and the Christian,* London: S. C. M., 1938, p. 51.）、参照。

4　キリスト教のなかには、主として旧約聖書が好戦的性格をもつという理由によって、それを拒否する伝統が長らく存続してきた。その伝統は、紀元二世紀のマルキオン（Marcion）まで遡ることができる。マルキオンは、「意志薄弱」で残忍な旧約聖書の創造者たる神に対して慈愛溢れる新約聖書の神という、一種の二元主義に立って議論を展開した。結局、マルキオンは、異端者の烙印を押され、グノーシス主義の一形態を広めることとなった。マルキオンは、パウロ書簡やルカによる福音書を含め、正典としての聖書を自らの運動に用いた。しかし、彼の立場は、正典を用いて活動したとしても、明らかに大きな問題点をかかえていた。すなわち、彼は、自らの一貫した立場を保持するために、福音書のなかで旧約聖書に言及されている場合、その個所を無視せざるを得なかった。このような姿勢が、現代のキリスト者に示唆するところが何かは明らかである。すなわち、旧約聖書を拒絶することは、結局新約聖書をないがしろにすることにつながる。レーヴンもその意味では、正統的な神学者ではなかった。しかし、レーヴンは、いかなる意味においても、決してマルキオン信奉者〔二―七世紀に栄えたグノーシス的禁欲主義を説く人たち、旧約聖書を拒否したことで有名〕ではなかった。

5　または、サマリア語本文には、「主は戦士である」（*gibbôr*）とある。

6　他のこの神の呼称をめぐる議論については、特にP・D・ミラー（P. D. Miller）『初期イスラエルにおける神の戦士』（*The Divine Warrior in Early Israel*, Cambridge: Harvard University Press, 1973, pp. 145-155.）や、W・アイヒロート（W. Eichrodt）『旧約聖書の神学』第一巻（*Theology of the Old Testament*, Vol. I, trans. J. A. Baker, London: S. C. M., 1961, pp. 192-194.）、参照。

7　マリオン・ベネディクト（Marion Benedict）は、「実際、〔旧約聖書において〕、ルツ記のみが、ヤハウェが直接的に間接的に全く戦いとは関係をもたない唯一の記事である」（『旧約聖書の神と戦争との関連』（*The God of the Old Testament in Relation to War*, p. 163.）と結論づけている。他の二つの例外は、雅歌とエステル記である。というのは（エステル記には、背景に戦争という主題がないわけではないが）、これらの書では一度も神の名が出てこないからである。

8　強調されるべき点は、筆者が論駁している見解は、まさに宗教史の分野の文脈のなかに限定されてのみ合法と（legitimately）されてきたものであろう。しかし（筆者の判断によれば）、そのような見解は神学的に承認されるものではない。以下の議論は、神学的なものであって、決して史実に基づくものではない。

9　多くの聖書学者が、この前提を広く受け入れていることについては、T・W・マンソン（T. W. Manson）「神の言葉として聖書を解釈する自由主義の失敗」（"The Failure of Liberalism to Interpret the Bible as the Word of God"）、参照。これは、C・W・ダグモア（C. W. Dugmore）編『聖書解釈』（*The Interpretation of the Bible*, London: S. C. M., 1944, 特に、pp. 101-102.）のなかにある。

10　筆者は、いつのまにか、やや皮肉っぽくなっていたかもしれない。というのは、筆者にとって賛同できないその見解は、（おそらく無意識のうちに）、十九世紀、二十世紀の傲慢さを含んでいると思われるからである。疑いもなく、それは、科学や技術の異常な程の発展と並行し、倫理や道徳も発展することを当然と決めてかかっている。しかし、戦争の問題に関しては、人類は明らかに進歩しておらず、実際、聖書の時代の標準から後退してきていると考えられなくもない。

11　旧約聖書神学にとって、戦士としての神という論点の重要さについては、次のG・E・ライト（G. E. Wright）『旧約聖書と神学』（*The Old Testament and Theology*, New York: Harper and Row, 1969, pp. 121-150.）、P・D・ミラー（P. D. Miller）「戦士たる神——聖書解釈と弁証学における問題——」（"God the Warrior: A Problem in Biblical Interpretation and Apologetics," *Interpretation* 19 [1965], pp. 39-46.）、またR・トームズ（R. Tomes）「出エジプト記一四章——全能なる神の業、聖書批評における一考察——」（"Exodus 14:

the Mighty Acts of God: An Essay in Theological Criticism," *Scottish Journal of Theology* 22 [1969], pp. 455-478.)、参照。

12　神の超越性は、主として、（たとえば、創世記一章一―二節のような）様々な創造の物語のなかに示されている。

13　I・イプシュタイン（I. Epstein）の『ユダヤ教――歴史的紹介――』（*Judaism: A Historical Presentation*, Harmondsworth: Penguin Books, 1959, p. 137.）のなかに引用されたものである。

14　詳しくは、拙論、P・C・クレイギ（P. C. Craige）「神と自然に関するヘブライ思想とその現代的意義」（"Hebrew Thought about God and Nature and its Contemporary Significance," *Canadian Journal of Theology* [1970], pp. 3-11.）、参照。

15　救済史観については、たとえばG・E・ライト（G. E. Wright）『働かれる神――聖書神学詳述――』(*God Who Acts: Biblical Theology as Recital*, 1952.)〔邦訳、新屋徳治訳『歴史に働く神――告白的朗誦としての聖書神学――』、日本基督教団出版局、一九六三年〕や、G・フォン・ラート（G. von Rad）の『旧約聖書神学』一巻、二巻（*Old Testament Theology*, Vol. I, 1960, Vol. II, 1962.）のような、彼らの初期の著作、参照〔邦訳、荒井章三訳『旧約聖書神学I――イスラエルの歴史伝承の神学――』（日本キリスト教団出版局、一九八〇年）、荒井章三訳『旧約聖書神学II――イスラエルの預言者的伝承の神学――』（日本キリスト教団出版局、一九八二年）〕。「救済史」の視点から旧約聖書の性質にアプローチする方法は、しばしば余りにも排他的に進められてきた。またこの救済史的アプローチについては、多くのことが、近東という枠組みのなかで行われた古代イスラエル研究において主張されてきた。これらについては、J・バー（J. Barr）『翻訳における新しさと古さ』（*Old and New in Interpretation*, London: S. M. C., 1966, pp. 65-102.）や、ベルティル・アルブレクトソン（Bertil Albrektson）『歴史と神々』（*History and the Gods*, Lund: Gleerup, 1967.）、参照。本書のこの個所では、「救済史」という言葉は、広義の一般的な意味で用いている。

16　G・ハーゼル（G. Hasel）『旧約聖書神学――今日的論争における基本的注目点――』（*Old Testament Theology: Basic Issues in the Current Debate*, Grand Rapids: Eerdmans Publishing Co., 1972, pp. 81-95）、参照。

17　旧約聖書の「救済」という語は、語源的に、（戦いにおける）「勝利、解放」を意味するヘブライ語の翻訳であることに注意する必要がある。

18　他に、W・アイヒロート（W. Eichrodt）『旧約聖書の神学』一巻（*Theology of the Old Testament*, Vol. I, pp. 228-229.）、参照。

19　神の働きが奇跡的なものである場合には、わたしたちは、戦士としての神に付随する道徳的ディレンマに悩む必要はない。神が年老いたモーセの生命を取られたことを疑う者がいないように、神が紅海でエジプト軍を海に投げ込まれたことを疑う者もいない。神は、まず何よりも、ご自身が与えられた人間の生を、自ら人間から取り去る権利を行使される方である。

20　拙論、P・C・クレイギ（P. C. Craigie）、*Scottish Journal of Theology* 20 [1969], p. 186. 参照。また、G・E・ライト（G. E. Wright）『旧約聖書と神学』（*The Old Testament and Theology*, pp. 129-130.）も参照。

21　類似したディレンマに対する類似した解答が、『バガバッド＝ギータ（*Bhagavad Gita*）』〔古代インドのラーマーヤナとならぶ二大叙事詩のひとつ、マハーバーラタの一部〕と関連した（ヒンズー教の枠組みのなかに）見られる。その教説は、戦いの場面に関連して提示されている。他に、K・N・ウパディヤヤ（K. N. Upadhyaya）「戦争と平和におけるバガバッド＝ギータ（"The Bhagavad Gita on War and Peace," *Philosophy East and West* 19［1969］, pp. 159-169.）」参照。

第四章　「聖」戦の問題

あなたの神、主があなたに渡される諸国の民をことごとく滅ぼし、
彼らに憐れみをかけてはならない。
彼らの神に仕えてはならない。……

（申命記七章一六節）

I

この第四章冒頭に引用した辛辣な聖句は、聖書に出てくる言葉としては奇異な感を禁じ得ない。この聖句は、モーセが、モアブの平原に集結したヘブライ人に述べた言葉の一部として申命記に記されている。神の代理者として語るモーセは、目前に迫ってきたヘブライ人のカナン

征服とそのための戦いに備え、ここで彼らに覚悟を迫っている。ところで、この聖句は、本書第三章〔戦士としての神〕で取り扱った問題の他の側面の検証が必要なことを気づかせてくれる。すなわち、神は戦士であられるだけでなく、選ばれた民にとっては、侵略のための戦いに携わることを命じられる方でもある。この後、検討しなければならないのは、侵略の、あるいは「聖（holy）」なる戦争についてである。

申命記七章に記されている戦いの勧告は、申命記二〇章の戦争に関する律法により詳細に規定されているとおり、それらもモーセによる勧告の一部であるとされている。申命記二〇章一〇―一八節には、征服のための軍事作戦が二つの要素からなっていることが示されている。第一は、ヘブライ人が彼らに約束された地域以外の町を通過しようとする時のことであり、その際にはまず穏やかにその町に降伏を勧告し、その降伏要請が受諾されない場合に限って、彼らは町を包囲し、町の男子をことごとく殺害しなければならなかった。ただし、女性や子どもは見逃し、分捕り品として奪い取ることができた。作戦の第二は、主なる神が、イスラエルの民に約束された嗣業の地の内側にある町を攻略させようとされる際に適用されるものであった。その時これらの町々は包囲され、町の住人で息のあるものは、すべて殺されねばならなかった。

以上のような戦いに関する古代の律法を、プロイセンの軍人で著名な戦争哲学者カール・フォン・クラウゼヴィッツの理論と比較すると興味深い。フォン・クラウゼヴィッツ（一七八〇

―一八三一年）は、戦争を、「自らの意志を実現するために、敵対者を屈服させようとする暴力的行為」[1]と定義した。彼は戦争分析の一環として、戦争に関する論点を二つに分け、重要かつ必然的な区別を行った。一方は、戦争の理論的なあるいは抽象的概念に関するものであり、他方は、具体的実戦に的を絞ったものであった。理論的な視点からすれば、戦争は侵略者に勝利という帰結をもたらさねばならなかった。侵略者にとって勝利しなければ、戦争を始めた意味はなくなる。完全なる勝利が得られるなら、いかなる努力も無に帰することはないであろう。すなわち、フォン・クラウゼヴィッツにとって、「戦争の哲学そのもののなかに、節度という原理を導入することは愚の骨頂」[2]であった。一方、戦争の現実は、抽象的な戦争の理解とは異なっており、実戦においては、理論的には予見されない偶然や敵軍の心理的状況（士気）などの要因が、大きな影響力を発揮するのである。

さてフォン・クラウゼヴィッツは、軍事上の観点から、戦争には、主要な目標が三点あると論じた。第一は、敵の軍事力を破壊し、その結果、敵をそれ以上戦えなくすることにあった。第二は、敵国の領土を征服することである。それにより、敵国が新たな軍事力を再興する可能性を断ち切ることができるからである。第三は、戦争においては、戦いを行おうとする敵の意志が、完全に打ち砕かれる必要があるということである。その時にのみ、初めて戦争は終結するのである。

次に、フォン・クラウゼヴィッツの理論を参考に、申命記の戦争に関する諸律法の検討に入ろう。何よりも申命記二〇章の律法は、明らかに征服のための戦いと関連している。[3] その戦いは、ヘブライ人が彼ら（また神）の意志を実現するために行ったものであり、敵対者を攻略するために行われた戦争は、暴力行為以外の何ものでもなかった。また、敵を攻略することを命じた律法が、そのなかに節度をもって行うべきであるという倫理的原理を書き止めているはずがなく、明らかに、申命記二〇章の律法は軍事的目的にそって、どこまでも実利的に遂行された。すなわち、嗣業の地の外側にある町を攻める時には、嗣業の地の内側の町を攻める時程残忍に行われるべきではなかったが、このような嗣業の地の内側と外側における戦略の区別がなされるのは、作戦全体のなかではほんの一部にすぎなかった。嗣業の地の外側にある町々は、結局は、新しいイスラエル国家の隣国となり、イスラエルとしては、それら近隣の町々はイスラエルの軍事力を脅威に感じることとなるであろう。ただし、イスラエルとしては、このような嗣業の地の外側に位置する町々を、当初は軍事目標として定めてはいなかった。しかし、約束された嗣業として与えられた地の内側にある町々を攻める場合の規定は、それらを全滅させることを旨とするもので、いかなる手心も加えられるべきではなかった。（申命記二〇章一六―一八節の）嗣業の地に関する律法に従って戦いが実行されるなら、フォン・クラウゼヴィッツのいう三つの軍事的目標は、三つもろとも一挙に実現されることになる。それが行われれば、嗣業の地の内側にあるヘブライ人の先住者たちの軍事力は破壊され、その国（あるいは都市国家）は征服され、その地に新しい軍隊が再興されることもなく、敵軍の意志は完全に打ち砕かれるはずであった。

しかしながら、申命記二〇章一〇―一八節は、戦争に関する規定を述べているのみで、それは構造上、本来理論的なものであった。フォン・クラウゼヴィッツが指摘しているように、戦争の理論と現実の戦争は大いに異なる。ヘブライ人が実際に行った戦争の具体例をみると、戦いに関する規定は、どのような場合にも完全に遂行されることはなかったようである。たとえば、軍の司令官サウルは、ある時、戦いの規定を実行に移すにあたり、不徹底であったと非難されたことがある（サムエル記上一五章）。しかも、ヨシュア記を読むと明らかなように、戦争に関する律法は、しばしば、相当な残忍さをもって実施に移されていたように思われる（それらの出来事が歴史的に真実であるかどうかについては異論もあるが、その点については本章の後半で論じるつもりである）。

以上に述べてきたことを要約すると、古代イスラエルの戦いは、残忍きわまりない現実を示すものであったといえよう。戦争の現実は戦争に関連した律法や理論と必ずしも一致しないとしても、それにもかかわらず、旧約聖書の前半には、侵略的な戦争の事実が、あえて目立つように記されている。聖書において戦争が理論上、また実行に移された際、どう戦われたかを考察すると、明らかにヘブライ人の戦いは宗教的なものであった。すなわち、彼らの戦いは、宗教的な枠組みにおいて始められ、また遂行された。フランスの戦争哲学者で、フォン・クラウゼヴィッツの同時代人でもあるド・ジョミニ男爵の言葉を引用すれば、「宗教戦争は、他のいかなる戦争にもまして、最もいたましい」[4]のである。申命記七章や二〇章を、ヨシュア記、士師記、サムエル記の戦争物語とともに読むと、ド・ジョミニの言葉に反駁することは困難である。しかし、旧約聖書に叙述されている征服のための戦いは、宗教的な（*religious*）戦いであると指摘できるとしても、必ずしもそれらを聖なる（holy）戦いであると主張することはできないであろう。聖なるという言葉は、それ自身本質的に善であり、また混じりけのない何ものかを意味している。しかし、果たして戦争は、聖書の宗教（Biblical religion）という枠組みのなかで行われるものであっても、当然のこととして聖なる（holy）ものであると呼ばれるにふさわしいものであったであろうか。そこで、ここでもう少し詳細に聖なる戦争をどう捉えるかについて考察することにしよう。

Ⅱ

「聖戦（holy war）」という言葉は、聖書本文に由来するものではない。しかし、聖書に登場しないということだけで、問題の困難さが取り除かれるわけではない。というのは、聖書が用いている言葉は、それぞれに大きな影響力をもつからである。たとえば、聖書記者は、「主の戦い（Wars of the Lord）」（民数記二一章一四節、サムエル記上一八章一七節、二五章二八節など、参照）という呼び方をしている。古代イスラエルで行われた戦いは、次に示すように、明らかに宗教的性格を帯びていた。イスラエルの諸部族は、出陣の前に、神に導きがあることを祈り求めた。前線に向かう戦士たちは、不純なものをすべて清め、神に聖別される必要があった。また彼らがいよいよ戦場の第一線に立つ時、神が彼らとともにあることは、契約の箱の存在によって象徴的に示された。従って彼らが実際勝利を得た後には、勝利の祝いの席で、勝利者なる神を誉めたたえる讃歌が謳われた。

このような戦いにおける宗教的次元は、初期のイスラエルが維持していた契約に対する信仰の視点から理解する必要がある。ヘブライ人は、アブラハムの時代以来、神が約束された嗣業の地に関する契約が成就されることを心待ちにしてきた。その古い契約は、シナイ山で結ばれた契約において更新されているが、その後、戦争を手段として、シナイ半島からモアブの平原に至る地域において実現されたことが明らかになった。イスラエルの諸部族は、カナン人と戦い、神がカナン人に下される審判を通して初めて、神がかつて約束された嗣業の地を所有することができるようになった。

しかし、問題はまだ残っている。すなわち、その戦いが明らかに宗教的な性格を帯びているとしても、それらは聖なるものである、と果たしていえるかということである。神の命令や神の臨在によって、本来は悪なるものが聖なる行為に変えられるようなことがかつてあっただろうか。男も女も子どもも敵はすべて滅ぼし尽くせといわれる神の情け容赦ない要求が、何らかの理由で聖なる要求となることなどあり得るのだろうか。筆者は、そのような視点を、到底認めるわけにはいかない。

実際、「聖戦（holy war）」という表現の妥当性は、いかなる点に照らしても疑わしい。しかし、この言葉は、現代の旧約聖書学における戦争論に一つの重要な次元を提供している。実際この「聖戦」という言葉は、長年、聖書学者たちによって用いられてきた。[5] とりわけ、ドイツの著名な旧約学者ゲルハルト・フォン・ラートの諸研究[6]のなかでは、その言葉がきわめて理路整然と意味づけされているといえよう。フォン・ラートによると、古代イスラエルにおける戦争は、（ヘブライ人諸部族の宗派連合である）隣保同盟によって執り行われた特定の宗教集団の祭儀的行為（cultic act）であった。従って、古代イスラエルの戦争は、明らかに、宗教的な次元をもつ行為で、宗教祭儀的な行為として行われるのであり、それ故まさに聖なるもの（holy）であったのである。[7] しかし、フォン・ラートの見解は、多くの学者たちから、細部の数々の点について批判され修正されてきた。その結果として、古代イスラエルの戦争は、「聖戦」と呼ばれるべきものではなく、「ヤハウェの戦い」[8]と呼ばれるべきであるという共通見解が次第に受け入れられるようになったと思われる。戦争は、これら様々な関連性からみて宗教的であったが、それは羊の毛を刈ることと同様に、祭儀的なものでも聖なるものでもなかった。[9]

このような点を考慮すると、ギリシア語に起源をもつと思われる「聖戦」という表現は、できるだけ避けたほうが賢明といえよう。[10]その言葉よりはむしろ、「ヤハウェの戦い」または「主の戦い」のどちらかを用いたほうが正確なように思われる。しかし、「聖戦」と「主の戦い」の間の区別はなるほど学問的な議論においては重要かもしれないが、本章の中心的な課題を解決する助けにはならない。なぜなら、侵略の戦争が、神の命令によって、神の名のもとで、さらに神の助けを受けて行われたという事実（あるいは行われたと記録されている事実）があるからである。また、聖書の「歴史的」叙述は伝説的な性質のものでしかないとか、そこに叙述されている征服のための戦いなど、実際には行われなかったと主張する人々があるとしても、[11]それで問題が片づくということにはならない。なぜなら、おそらく征服のための戦いという歴史的真実も、このような言い方をすると、問題にされることなく片がつくかもしれないが、神学的理想の方はなおそこに脈打ちつつ生き続けるからである。つまり、実際に征服のための戦いなどは行われなかったとしても、旧約聖書の記者たちは（理想を述べようとしたにすぎないのかもしれないが）、まさに戦争が行われたという強い印象をわたしたちに伝えようとしていたことは、聖書を一読すれば誰にでも十分に明らかであると思われる。結局、聖書に記されていることは、まさに書き記された言葉であり、その背後にある歴史的に曖昧な出来事などではないのである。[12]

Ⅲ

さて、古代イスラエルにおける侵略戦争の理論と現実という問題を、ここで現代的視点から検討することにしよう。現代世界においては、戦争は、その現実を直接に経験していない人々にも、微妙な影響を与えることがある。確かに戦争は恐ろしいものであるが、その暗い現実のなかからも、たとえば勇気や信仰や希望という、人間の肯定的な側面の特質が現れ出てくることがある。しかも、たいていの場合、戦争を遠くから眺めている人々の心を捉えるのは、戦争のこういう肯定的側面の副産物であって、戦争それ自体ではない。小説家や映画製作者たちはこういう戦争の肯定的な側面の副産物をもてはやすであろうが、それはおそらく間違ってはいないであろう。というのは、人間というものは、深刻な不幸のなかにあっても、何かそれを償い得る希望の光を見いだそうとするからである。

しかしいま、戦争のより真実の姿を知ろうとするならば、兵士か、あるいは戦場になった戦地にいた住民に目を向けなければならない。戦争の現実は、恐怖と死と破壊とにある。それは、榴散弾でばらばらにされて横たわる兵士たちの死体、爆弾で倒壊した家屋とその下敷きになった住民たち、餓死寸前の路上の孤児たち、また、戦争の否定的側面の副産物であるレイプや略奪行為やサディスト的残虐行為などに見られるのである。第一次世界大戦時代の詩人ウィルフリッド・オーエンは、毒ガス攻撃の恐怖に満ちた惨状について、次のように詩に表現している。[13]

ガスだ! ガスだ! さあ早く!——無我夢中の手探りで、
ギリギリで、厄介なガスマスクをつける。
しかし、誰かが、まだ、大声で叫び、よろめき、もがいていた、
火に包まれた人、とりもちに足を取られた人のように。
曇ったガラスと濃い青い光を通してぼんやりと、
青色の海のなかで、彼が溺れていくのが見えた。

夢のなかで、助けるすべもなく見ている目の前で、
彼は、消え入りそうになり、窒息し、溺れながら、わたしに飛びついてきた。

あなたもまた、何か息苦しい夢のなかで、

わたしたちが彼を放り込んだ荷馬車の後ろについていき、
罪にうんざりした悪魔の顔のように、うなだれきった彼の顔のなかに、
もだえ苦しんで白目をむいた眼をみるなら、
あなたは、荷馬車がガタガタと揺れるたびに、血が
泡が出てくるような腐りきった肺から、ガラガラ音をたてて流れ出る音を、
聞くなら、
無実の舌の上にある悪化しきった不治の傷がキリキリと痛みを繰り返すように、
なんとむごいことか――
わたしの友よ、あなたは、何か絶望的な栄光を望み見ようとする子どもたちに、
それ程まで熱意をこめて、昔からの虚言を、
語ることなど決してしないであろうに。
祖国のために死ぬことは、甘く、美しい、と。

古くからの虚言――「祖国のために死ぬのはなんと甘美ですばらしいことだろう」――は、戦争の恐るべき現実を何世紀にもわたって隠蔽してきた。戦争の厳しい現実は、第一次世界大戦においても、一九七〇年代の現在においても、全く同じである。

　ところが、キリスト者は、距離をおいて戦争を傍観者的に見るためか、戦争の恐ろしさをどうも軽視しがちである。この軽視傾向はキリスト教徒に関していえば、(新約聖書が書かれた時代にまで遡るとみることはできないが)、古代のキリスト教の教義によって、さらに複雑なものとされているのは確かである。その教義とは、「正義の戦争（Just War)」という理論であり、その起源をたどると、紀元四、五世紀のアンブロシウスやアウグスティヌスの著作にたどり着く。この教義は、二十世紀の今日においても、主要なキリスト教派のほとんどによってなお保持されている。とはいえ、その馴染み深い呼称も、その教義の本来の意味に照らしてみると、正しく受け取られてはいないようである。というのは、その呼称は、ある戦争が「義(just)」なるものとして行われるということを、強く主張しているわけではなく、むしろその戦争が「正当化される（justified)」可能性があるという程度のことを、主張しているにすぎないからである。しかし、この教義によって、キリスト者たちの多くが戦争の恐ろしさを確かに軽視するようになったという重大な側面は、無視できない。「正義の戦争」の理論に従えば、戦争においては、戦い方において、当然保持されなければならないある種の決まりが存在していた。その決まりとは、不必要な暴力行為に走らないこと、不必要な破壊をしないこと、略奪を行わないこと、人間の無差別かつ大規模な殺戮はしないこと、また復讐や仕返しもしないことなどがそれである。これらの点を法制化しようという精神は、賞賛に値すると思われる。事実、これが、ジュネーブ条約〔一八六四年に、スイスのジュネーブにおいて締結された、戦争にともなう諸問題に関する国際協定。捕虜、傷病兵、戦死者を人道的に扱うことなどを定めている〕のような後世の条約の伏線となった。ところが、この「正義の戦争」という理論には、肯定的な特性があることも事実であるが、戦争において、義なる振る舞いを重んじることなど非現実的であろう。こうした考え方は、明らかに宗教者の発想によるものであり、戦略理論家が生み出したものとはいえない[14]。フォン・クラウゼヴィッツにとっても、上記のような取り決めを立法化することは問題外であったろう。たとえ戦争に際し高貴で「義(just)」なる振る舞いがなされるにしても、それは勝利の達成に直接貢献し得る場合にのみ弁護されるのではなかろうか。すなわち、「義に」振る舞うことなど、節度の原理としては意義深いとしても、有害なことでしかないであろう。なぜなら、そのような「義に」振る舞うことは、そもそも戦争に乗り出す時の目標とは全く相容れないからである。

これまで述べてきたことは、何よりも「正義の戦争(Just War)」という理論の粗探しをしようとしてきたのではない。「正義の戦争」という理論を重んじるのは危険である、と注意を促したのである。確かに、戦争においても、節度ある振る舞いがなされてしかるべきであるという法規範が制定されることになるかもしれない。しかし、無法(lawlessness)的な状況を出現させるところにこそ、戦争の本質があるのも事実である。「正義の戦争」という枠組みに従って戦争を考えると、わたしたちはいつのまにか、一種の国際フットボール競技に臨む時と同じ気持ちで、戦争に立ち向かう危険性を身につけることになるのである。フットボールの試合では、当然ルールが守られる。そして、ルールが時として破られると、厳しいペナルティーが科せられる。しかし、現実の戦争をルールのもとで行われる試合に比べることができるだろうか。戦争が終結して初めて、「ルール」が重要になる。しかも、その時には、勝者は、「戦争犯罪」を理由に、敗者を告発するかもしれない。しかし、わたしたちが、過去三十五年間にじっくりと学んできたように、戦争においては勝者も敗者もともに戦争犯罪者である。とはいえ、裁かれるのは、通常は敗者のみである。

わたしたちは、古代イスラエルにおける戦争の検討ということから、かなり脇道にそれてきてしまった。しかし、脱線にこそ重要な側面がある。それはとにかく、古代イスラエルにおける戦争の理論と現実は、どのように理解されるべきであろうか。また、かつての理論や現実からわたしたちは何を習得できるのであろうか。それらの問いは何よりもまず、重要かつ厳粛な警告をわたしたちに与えてくれる。ひとたび戦争に突入するなら、それは徹底して進められねばならないであろう。戦争においては決して中途半端は許されない。それは軽い気持ちでなされる競技とは違っている。戦争が宗教的な視点から戦われると理由づけしても、その現実が幾分かでも「思い遣りのある」ものになるはずはないし、非宗教的な戦争のもつ非惨さと無縁なはずはない。古代イスラエルにおける戦争の理論と現実をみれば、わたしたちが戦争に対し抱くこともある「すべてが悪ではない」とか、紳士的になされる一種のスポーツであるという幻想は、直ちに吹き飛ぶ。旧約聖書が記す戦争の叙述は、キリスト教の歴史のなかで生まれてきた様々な形の「正義の戦争」論より、戦争の現実をより厳しく捉える上で、何よりも安全な案内者となるものであるといえよう。

さて、これまで述べてきたことの何かを手掛かりに、古代イスラエルにおける戦争の理論ないし現実が、現代の世界において戦争を始めたり、兵士として従軍したりする場合、キリスト者に何らかのよき例示を与えるとするなら、それは大きな間違いである。[15] しかし、一つ明確なことがある。すなわち、今どうしても戦争という手段に訴えざるを得ないとするなら、戦争の恐ろしさと戦争のもつ隠された意味を現実的に考えることは賢明であり、旧約聖書がまさにこの点においていくつかの指針を与えているのである。戦争が行われたことが、旧約聖書にしばしば言及されているからといって、決してその悪が軽減されるものではないし肯定されるものでもない。第四章とともにこれまでの諸章で指摘してきたように、戦争は、神がその主権性のもとに、審判と贖いを目的として用いられるのであり、それ自体は邪悪であり、人間の活動の一形式なのである。しかも、侵略のための戦争は、旧約聖書の時代に採用された戦争の一つの形態でしかない。従って、わたしたちは、次に、防衛のための戦争についても検討を進めなければならない。しかし、この問題の検討に入る前に、その準備として考えなければならない問題がある。本章で明らかにされたように、戦いは殺人をともなう。では、人を殺すというこの行為は、イスラエルに与えられた戒め、「殺してはならない」と、いかなる関係にあるのだろう。この問題は次の第五章で検討する中心課題となるであろう。

注

1　カール・フォン・クラウゼヴィッツ（C. von Clausewitz）『戦争論』（*On War,* Harmondsworth: Penguin Books, 1968, p. 101.）。初版は、一八三二年に『戦争論』（*Vom Kriege*）という題で出版された〔邦訳、篠田英雄訳『戦争論』上、中、下、岩波文庫、一九六八年。クラウゼヴィッツの『戦争論』の解説については、ピーター・パレット著、白須英子訳『クラウゼヴィッツ――戦争論の誕生――』（中央公論社、一九八八年）を推薦する〕。

2　同書、一〇二頁。

3　申命記二〇章の本文釈義については、拙著『申命記』（*The Book of Deuteronomy,* NICOT, Grand Rapids: Eerdmans Publishing Co., 1976.）で詳細に検討している。

4　ド・ジョミニ男爵（Baron de Jomini）『戦争の技法』（*The Art of War,* reprinted by Greenwood Press: Westport, Conn., 出版年不詳、p. 31.）、参照。最初の英訳版は、一八六二年に出版されている。

5　この「聖戦」という言葉が、最も早く用いられた著作の一つとして、シュヴァリー（Fr. Schwally）の『古代イスラエルにおける聖戦』（*Der heilige Krieg im alten Israel,* Leipzig, 1901.）がある。

6　ゲルハルト・フォン・ラート『古代イスラエルにおける聖戦』（*Der heilige Krieg im alten Israel,* Göttingen: Vandenhoeck und Ruprecht, 1965. 初版一九五一年）、同『申命記の研究』（*Studies in Deuteronomy,* London: S. C. M., 1953, pp. 45-59.）。

7　しかしながら、フォン・ラートの考証によれば、戦争は、初期のイスラエルにおいては、実際にはほとんど起こっていないことに注意しなければならない。戦争の物語は、救済史（*Heilsgeschichte*）を構成するために書かれたものであり、史的事実に基づいて書かれたものではない。フォン・ラートは、士師記の時代に起こった戦争について、防衛のために戦われたものではないと記している。ただし、この仮説は、初期の旧約聖書記者の意図とは明らかに矛盾することが記憶されねばならない。

8　M・G・ロジャーズ（M. G. Rogers）が訳したR・スメント（R. Smend）『ヤハウェの戦いと部族連合』（*Yahweh War and Tribal Confederation,* Nashville: Abingdon Press, 1970.）。M・ヴァイペルト（M. Weippert）の「イスラエルとアッシリアにおける『聖戦』――ゲルハルト・フォン・ラートの草稿『古代イスラエルにおける「聖戦」――』に対する批判的研究（"'Heiliger Krieg' in Israel und Assyrien. Kritische Anmerkungen zu Gerhard von Rads Konzept des 'Heiligen Krieges im alten Israel'", *ZAW* 84 [1972], pp. 460-493.）。F・シュトルツ（F. Stolz）の『ヤハウェとイスラエルの戦争――戦争理論と戦争経験――』（*Jahwes und Israels Kriege. Kriegstheorien und Kriegserfahrungen,* ATANT, 60, Zürich: Theologischer Verlag, 1972.）。G・H・ジョーンズ（G. H. Jones）の「『聖戦』か『ヤハウェの戦い』か」（"'Holy War' or 'Yahweh War'?", *VT* 25 [1975], pp.642-658.)。

9　G・フォーラー（G. Fohrer）の『イスラエル宗教史』（*Geschichte der israelitischen Religion*, Berlin: de Gruyter, 1969, p.109.）。

10　前掲書、ジョーンズ（G. H. Jones, *VT* 25 [1975], p. 642.）、参照。

11　たとえば、M・ノート（M. Noth）によれば、従来受け入れられてきたような意味の征服などはなく、部族はむしろ、一般的にいって、平和的にパレスチナに定着したという。『イスラエル史』（*The History of Israel*, 2nd ed. London: A. & C. Black, 1960.）〔邦訳、樋口進訳『イスラエル史』日本基督教団出版局、一九八三年、参照〕。

12　この見解は、G・E・メンデンホール（G. E. Mendenhall）の『第一〇世代――聖書的伝統の起源――』（*The Tenth Generation: The Origins of the Biblical Tradition*, Baltimore: Johns Hopkins University Press, 1973.）の見解とは反対の立場のものである。メンデンホールにとって、聖書的共同体の起源は、ヤハウェの支配を受け入れたり、また力による支配を拒絶したりする、ある種の革命のなかにみてとれるという。しかし、このようなメンデンホールの主張がたとえ歴史的にみて好都合であり、またこの主張が現代世界に大きな影響力をもち得るとしても、しかし、この主張は、聖書の記者たちが伝えようとしたこととは全く違った内容のものになっている。結局、彼の説は、聖書本文に基づいた見解ではなく、聖書的共同体の最も初期の歴史に対する歴史人類学的または社会人類学的な分析に依拠したものなのである。

13　E・ブランデン（E. Blunden）編の『ウィルフリッド・オーエン詩集』（*The Poems of Wilfrid Owen,*

London: Chatto and Windus, 1921.）の「甘く美しきかな」（"Dulce et Decorum Est"）より引用した。

14　アウグスティヌスの戦争についての見解は、彼の様々な著作のなかに見られる。しかし、彼が、戦争に関する問題を論じている著作のなかで、最も重要なのは『神の国』である。この著作は、アラリック（Alaric〔西ゴート族の王、四一〇年ローマを略奪〕）によるローマ略奪という戦争の余波が残るなかで記されており、今ここでは彼の論点を批判するためにのみ引用したが、明らかに、戦争の現実を見ようとして書かれたものである。ただし、筆者がここで指摘したいのは、アウグスティヌスが『神の国』を書いた時、彼が戦争の現実を見極めようとしていなかったというより、むしろ彼は戦争指揮官が抱いているような残忍きわまりない現実主義に立っていなかったという点にある。

15　この論点については、「第九章　結論」の章で検討する。

第五章　殺人の禁止

殺してはならない。

（出エジプト記二〇章一三節、申命記五章一七節）

Ⅰ

人間の生涯には、絶対的に確実なことが一つある。その一つとは、死が不可避であることである。しかし、死は必ず訪れてくるとはいえ、その死の姿は千差万別である。望ましいのは、天寿を全うすることである。それがかなわぬとしても、病死は自然死のうちに数えられるかもしれない。事故死は恐れられるが、神の摂理のうちに事故に遭う可能性があると考える人もあろう。しかし、どうしても受け容れられない死もある。人が他の人間によって故意に殺される死がそれである。

他人によって引き起こされる死には、三種類ある。第一は、処刑または死刑である。死刑を許容する社会や時代では、死刑は（少なくとも理論的には）法の権威のもとに執行される。すなわち、死刑は、死罪に値するという有罪判決に基づいて執行される。人間の手による他の二つの死は、上記で取り上げた第一の死とは根本的に異なっている。すなわち、第二の死の形は、人間の手によって行われた殺人である。第三は、戦争のなかに見られる死である。

さて、戦争における死は、第一印象として、殺人というより、むしろ死刑による死に類似していると思われる。しかし、その類似性は、見掛け上にすぎない。戦争は、死刑同様、法によって裁可される。しかし、通常、戦争の法的裁可は、国家が戦争を始めるにあたり本来決定されるものであるが、それは、決して戦争当事者双方を戦闘へと導くものではない。戦争はまた、人間が他者の生命を侵すという人間の活動として、性質上殺人と密接なかかわりをもつ。正気の人間が殺人を犯すのは、個人的に何らかの利益あるいは優越性を獲得するためであろう。殺人犯の価値システムから判断すると、目標達成のために、他人の生命を犠牲にすることさえ許されるのである。殺人の犯罪性は、殺人者が他人の生命を犠牲にして自分の利益を追求するという行為によって証明される。このように、戦争は、ほとんどの場合、他者に対する優位性を示し利益を求めようとして引き起こされる。しかし、戦争の犯罪的性格は、必ずしもいつも白日のもとにさらされるわけではない。もちろん、時には戦争の犯罪性が明白になることもあろう。たとえば、大量殺戮行為を行い、権力を手中に収めることによって優越性を追求しようとしたという理由で、ヒトラーを糾弾することはきわめて容易であろう。しかし、戦争が個人的にではなく「国家」によって引き起こされ、また戦争の目的がたとえば「民主主義の擁護」であると宣言される時においては、戦争が利益や有利な立場を求めて行われ、戦争が必然的に人間の生命を犠牲にすることなど、きわめて受け容れがたいことであろう。しかしながら、いずれの場合にも、それらがもつ奥深い意味は明らかである。すなわち、達成されるべき目的は、たとえそれが非常に崇高なものであっても、多くの人々の命を犠牲にすることすら正当化する(legitimate)のである。もちろん、戦争が愛他主義から起こされることはきわめて稀であり、時にそのような戦争が起こされることがあるにしても、その動機はおそらく純粋なものとはいえないであろう。このように戦争や殺人は、どのような場合にも、通常は、傲慢さの現れと見なされざるを得ないのである。ここでいう傲慢な振る舞いとは、本来神のみに属している権利、つまり、神が人に与えられた生命を人から奪い取られる権利を、人間自身が自らの権利として行使することを指す。[1]

人間が人間に加えるあらゆる形の死のなかで、戦争を媒介とする死はある意味で最も恐ろしく、人に心の寂しさを強く感じさせるものである。戦争において殺される兵士は、個人的には見ず知らずの、何ら殺人を犯す理由もない敵兵によって殺される。しかも、その敵兵は、自分が発射した弾丸や爆弾が、同じ人類の一員である人間を死に追いやるかについて、何ら知るよしもない（また、知りたいとも思わない）。[2] 何の罪もない市民たちも、たまたま戦車戦が行われる地域に、また爆撃機が多くの爆弾をむやみに投下する地域に住んでいたという理由だけで、木端微塵に吹き飛ばされてしまうことになる。このように、戦争には死がつきものである。そのうえ、大規模な戦闘状況のもとでは、死者を葬る者さえ存在しない。歴史に死が記録されていくのは、ただ冷徹な統計的数字によるのみである。第二次世界大戦では、二千五百万の兵士、二千四百万の市民が犠牲になったと推計されている。[3] たとえ、その犠牲者の氏名のすべてが戦没者名簿に類するものに記録されるとしても、誰にも、それらの氏名の一つひとつについて、彼らがそれぞれ経験した戦争の悲劇を跡づけることなどできない。

このように、殺人と戦争の間には、前述した類似性を考えざるを得ない。普通、この二者を区別する基本的な違いとしては、殺人と戦争の間には、人殺しの規模の違いが考えられるだけで、人を殺す行為に内在する動機はさほど注目されることはない。しかし、殺人にせよ戦争にせよ、いずれも人を殺害する点で違いはなく、人を殺す行為は、明らかに、人の命に対する尊敬の念の欠如を意味している。まさにこの点から、次に本章で取り扱う問題が生起してくる。

十戒の第六戒〔あなたは殺してはならない〕は、人間の生命は丁重に扱われるべきであるという、宗教の根本的原理を教えたものであろう。これが真実であるとするなら、申命記五章一七節に明記されている第六戒〔殺してはならない〕は、申命記二〇章一〇—一八節に記された戦争に関する規定や殺人の勧告とどのように関連づけられるべきなのであろう。ここで、わたしたちは、この第六戒に立ち返り、まずその戒そのものについて、古代の社会的現実に照らして理解をすすめていくこととし、その上で、第六戒のもつより幅のある意味を把握することにしよう。

Ⅱ

第六戒は、「殺してはならない」と、いかにも簡潔に表現されている。[4] まず、第六戒で用いられている動詞を検討しよう。その動詞は、ラーツァハ（*rāṣaḥ*）であり、それはヘブライ語聖書のなかでは、「殺すこと」を意味して用いられる何種類かの動詞の一つである。この動詞それ自体は、実際にどういう殺し方をするかについて意味するものではない。しかし、ヘブライ語文献に見られるこの動詞の慣用法には、殺しの重要な側面が何種類か示されている。この動詞は、殺される対象が人間であることを意味しており、[5] それ故に、決して動物を殺す場合には用いられていない。また、通常、この動詞は、ヘブライ人が他のヘブライ人を殺す場面で用いられる。従って、この動詞は、たとえば、戦争における異邦人の殺害について叙述する場合には用いられていない。異邦人を殺害するという文脈においては、ハーラグ（*hārag*）とカータル（*qāṭal*）が用いられる。従って、第六戒の第一義的な意味は、「あなたは、同胞であるヘブライ人を、殺してはならない」、ということになると考えられる。

十戒の第六戒が実際に語っていることは、「殺意を抱いて人を殺し（*murder*）てはならない」、ということである。ただ、人を殺してはならないと単純にいうのではなく、殺意を抱いて人を殺してはならないということは、次のような理由から明らかである。すなわち、ラーツァハという動詞は、次の二種類の殺人のどちらに言及する場合にも用いられるからである。現代の言葉に置き換えると、その動詞は、殺意を抱いて人を殺すこと（*murder*〔謀殺〕）と、事前の殺意なしに人を殺すこと（*manslaughter*〔故殺〕）のどちらの意味にも用いられる。ただし、法的観点からすれば、以上の二種の殺人のうち、事前に禁止されるのは一つのみである。それは、殺意を抱いて人を殺す場合である。しかし、旧約聖書の律法は、殺意を抱いて人を殺す場合と、事前の殺意なしに人を殺す場合をともに問題にしている。とはいえ、事前の殺意なしに人を殺す場合は、それが全く自然的、偶然的に引き起こされるものであり、事前に禁止されることはない。第六戒は、おそらく十戒のなかでは、偶発的に破られる可能性がある唯一の戒めであろう。殺意を抱いて実行される殺人は、ほとんどの他の犯罪同様、積年の計画や意図によって引き起こされるものであり、事前の殺意なしに行われる殺人は、殺害意図やあらかじめの計画とは無関係になされる。しかし、結果からみれば、事前の殺意なしの殺人も、殺意を抱いて実行される殺人も、殺人としての違いはない。それは個人を死に追いやることである。そこで旧約聖書の律法は、この第六戒が偶発的に破られた時のために、特別な但し書きを付け加えている。すなわち、古代イスラエルの時代を通じて、「逃れの町」が用意されるべきであるとした。人が思いもかけず、同胞であるヘブライ人を殺してしまった場合には、その人は「逃れの町」の一つに逃れ行くことができた。

これまで考察してきたことを、ここで要約しておこう。第六戒は、現実的な目的によって、もともと同胞であるヘブライ人を、殺意を抱いて殺害することを禁じている。それは、戦争や死刑として執行される刑罰を禁じたものではない。戦争や死刑についての細則は、ヘブライの律法に別に付加されている。しかし、第六戒の本来のより深い意味を把握するためには、十戒全体に目を向ける必要がある。

十戒は、そのなかに、殺人の禁止を含んでいる。それは、もともとシナイ山において神が選びの民との間で締結された契約の一部である。従って、この第一義的な意味に注目すると、十戒は、現代のキリスト教に受け取られている意味とは少し違う機能を担っていたことがわかる。

今日、わたしたちは、十戒が現代のキリスト教倫理体系の基本をなすものと考えている。十戒は、どの戒めも、肯定的であれ否定的であれ、どのように捉えられようと、キリスト者の生活様式のうちの基本線を指し示すものとされている。しかしながら、十戒は、古代イスラエルにおいては、国家の刑法の基本をなすものでしかなかった。今日では、十戒は、本質的に宗教的規範である。わたしたちが生きている現代の世俗国家は、独自の法規範をもっている。ところが、古代イスラエルでは、国家そのものが宗教的存在と考えられていた。神は、シナイ山で契約が結ばれた時、草創期にある国家の君主または王となられ、ご自身の選ばれた民に十戒を授けられた。十戒は、神の国イスラエルの市民としてのヘブライ人に、神に対する責任の大まかな内容を述べたものであったのである。

このような背景を理解すると、当初の律法の目的は明らかである。まず契約は、神とその選びの民との間に結ばれた。そして、その契約関係において個々のヘブライ人は、神を君主と仰ぐ民であり、そのようなものとして彼らの生命は神の律法によって保護されていた。従って、同胞であるヘブライ人を殺すことを禁じる第六戒は、イスラエルの市民一人ひとりに授けられた。よって、神は彼らによって構成される国の王であり、しかも民の生命の完全な保護者として、その国に君臨されたのであった。

これまで、わたしたちは、第六戒が本来もっていた意味を検討し、第六戒を予備的に理解しようと努めてきた。第六戒は、もともとの文脈においては、殺意を抱いて人を殺すことを禁じたものであり、死罪に相当する刑罰や戦争を禁じていたとはいえない。従って、「殺してはならない」と述べる律法の本文は、また、死刑執行や戦争を起こすことについても公布されたものであり、申命記のなかには、決して内的矛盾はないのである。

以上のように、第六戒の意味するところと限界をみる時、なお見逃せないのは、第六戒が人の命を基本的に尊重する態度を一貫してもっていることである。人は、自らのうちに、いかなる点からみても、隣人の生命を奪う権利をもってはいない。正気の人間が今仮に殺人を犯すとして、殺意を抱いて人を殺すことは、本質的に利己的な行為となる。この場合、隣人の生命の価値は、人が殺人によって獲得できる儲けや利益より、価値の低いものと考えられている。人間の生命を奪う不遜な行為とは、まさにこのようなものである。人間の生命を絶つ権利は、あらゆる生命の付与者でもある神のみがもっておられるものである。こうして殺意を抱いて人を殺す行為は、明らかに、人間の生命に対する畏敬の念を、その殺人者が根本的に欠いていることを示している。

しかし、第六戒に生命に対する畏敬の念が一つの原理として含まれているとするなら、死刑や戦争についての定めはどのように理解されるべきであろうか。ここでは一点のみが明白である。それは、古代イスラエルにおける死刑や戦争は、神の命令のもとに遂行されており、個々の人間の損得ないし利益の追求のために行われたのではないことである。いうまでもなく、戦争がこのような特徴をもっているとしても、これによってこの章で取り扱おうとしている基本的な問題が解決されたとは到底いえない。ここで明らかになることは、すべてのものに生命を与えられる方、すなわち神は、確かに、生命を奪う権利、あるいはまた生命を奪う命令を下す権利を保持しておられる、という神学的主張の正当性のみである。従って、わたしたちは、次の章で扱うように、神が生命を奪う権利を所持しておられることを、このように理論的に根拠のあることと認めるとしても、どうして神が古代イスラエルにおいて、手段として戦争を用いることを許可され、かつそれを命令されたかについては、さらに引き続き検討しなければならない。

　この節で取り上げたいくつかの問題点の検討を通して次節に移る前に、一つだけ注意すべきことを述べておこう。それは、神が、古代イスラエルにおいて戦争や死刑に処する罰を用いられたからといって、それらを、現代の社会において、宗教的に戦争を容認する根拠にすることなど必ずしもできない。古代イスラエルは、確かに神権政治国家としての形を整えており、戦争や死刑を制度的に取り入れていたのであり、その国の王は確かに神であるといえた。従って、戦争にせよ死刑にせよ、それらが用いられたのは、まさに宗教国家の古代イスラエルにおいて可能であったのであり、それも神の特別な（啓示された）命令をもとにして実施に移されたのであった。この点からして、旧約聖書の記事を現代社会の状況に重ね合わせることが適切であるかどうかを考察する際には、次のような問いが欠かせないといえる。すなわち、わたしたちの生きている現代社会に、神権政治の余地は存在しているだろうか、と。神を王としていただく国が、古代イスラエルの場合同様に、現在もなお存在し得るのであろうか、と。[6] 筆者はその答えは否でなければならないと考える。

Ⅲ

殺意を抱いて人を殺すことを禁じる第六戒がユダヤ教やキリスト教の倫理において中心的な役割を果たし続けてきたという事実は、重要な意味をもっていると考えられる。すでに考察したように、第六戒は、歴史的にみれば、当初は、古代イスラエルが国家としてもつ憲法の一部をなすものであった。ところが、その国家が消滅し、それにともない国家の憲法も消滅したからといって、第六戒まで消滅してしまうということにはならなかった。第六戒は、古代イスラエルの国家の憲法から、ユダヤ教の（しかも依然として神によって与えられたとされる）道徳律法へと移行していった。そしてユダヤ教においては、今もなおそれは道徳律法として生き続けている。紀元一世紀になると、第六戒は、旧約聖書の一部として、キリスト教のうちにも採り入れられ、イエスの教えを通して永続的に権威をもつものとされた。第六戒がこのような変遷をたどりながら権威をもち続けたのは、それが、人間の社会を秩序づけ、存続させるために、基本的な意義をもつと認識されてきたからである。換言すれば、歴史的には、その特別な戒めは、本来、国家としての古代イスラエルにおいて刑法という形をもって導入されたものであるとしても、その律法は、人の命が尊重されるべきであるという基本的かつ永遠の原理を、単純かつ形式的に表現したものであったのである。

　それ故、古代イスラエル憲法の刑法は、一方においては永遠の原理として認識されており、また他方では律法のもとで処罰し得るのは（たとえば、殺意を抱いて人を殺す場合のような）犯罪のみであって、犯罪の動機や結果的に犯罪を引き起こすむさぼりの思いについては、法によって処罰できないということを示していると思われる。しかし十戒においては、そのような欲望〔むさぼり〕でさえ（すなわち、殺意を抱いて殺人を犯すことはもちろん、実際殺人を犯すことによって明らかになる殺意や、その前提になる欲望を含めて起訴に持ち込むことが意図されていたといえる。いうまでもなく、この点を扱っているのは、十戒の最後に出てくる第十戒〔あなたは隣人の家をむさぼってはならない〕である。第十戒（「むさぼってはならない」）は、聖書学の分野においては、様々な難題を絶えず提起する源泉となってきた。十戒のうち、この第十戒だけは、欲望や思考と関連しているからである。つまり、第十戒はこれと特定できるような行為に対する違反を念頭においているとはいえない。第十戒は、起訴に持ち込むことができる特定の具体的行為に言及していない点で、十戒中唯一のものである。すなわち、犯罪の本質とは、法廷において、その罪を指弾する証拠をもとに、これと特定することなど決してできないものであることを意味している。

　しかし、第十戒のこの特徴は、第十戒の弱さよりは、むしろ強さを示すと理解できる。心にむさぼりや欲望を抱く者は、いつか殺意を抱いて人を殺したり、姦淫や盗みや偽証したりする行為に走ることになるからである。従って、これらの罪も、実際は起訴へと持ち込まれることになるかもしれない。しかし重要なのは、実際に犯される悪はもともと犯罪を生み出すむさぼりの心のなかに存在しているのであり、実際の悪行はそのむさぼりの心が行為に移されたものであり、犯罪となって表に現れようと現れまいと、心のなかに存在していたものなのである。従って、むさぼりの思いだけでは起訴されないとしても、むさぼりの心は禁止され断罪されるべきものとされたのである。なぜなら、この（人の命の尊重という）原理に関していうなら、殺人の種子を宿している限り、その欲望は殺意を抱いて実際に人を殺す行為と同様に、責めを負わされるべきものであるからである。このため、ユダヤ教において伝統的に受け継がれている文書においては、今日もなおいわれているように、最後のこの第十戒に対する違反は、十戒全体の侵害に相当するとされるのである。[7] 以上の考察から、第六戒は、古代イスラエルにおける法規範にすぎず、その時代と民族に固有な特殊性をもつだけであると主張して、その戒めのもつ普遍性を認めるわけにいかないなどとは決していえない。どのような時代であれ、すべての人間にとって、人の命は尊重されるべき神からの贈り物なのである。つまり、人間の生命は、人が個人的な損得や自分の利益のために、自己に有利なように殺意を抱いたり、実際に殺人行為に走ったりする対象にされてはならず、不当に取り扱われてはならないものなのである。（マタイによる福音書五章二一―二二節の）イエスの言葉（「あなたがたも聞いているとおり、昔の人は『殺すな。人を殺した者は裁きを受ける』と命じられている。しかし、わたしは言っておく。兄弟に腹を立てる者はだれでも裁きを受ける。兄弟に『ばか』と言う者は、最高法院に引き渡され、『愚か者』と言う者は、火の地獄に投げ込まれる」）は、第六戒の不変的な重要性のみでなく、十戒に照らして明らかになった第六戒の奥義を、キリスト教の伝統へと採り込んだものである。殺意を抱いて人を殺すこととともに、（法的な意味合いにおいては、確かに罪は軽いかもしれないが）それに類似する行為も、すべては責められなくてはならない。なぜなら、その罪のすべては、人間の内面的な精神生活に由来するのであり、あらゆるむさぼりや欲望もその精神生活に根ざしているからである。殺意を抱いて人を殺してはならないという禁止命令[8]は、人間は動物と全く異なる存在とする基本原理を具体的に教えており、人間社会を支える基礎とされなければならないものなのである。

しかし、ここでわたしたちは、また、最初の問題に立ち返る必要がある。古代イスラエルでは、殺意を抱いて人を殺すことは禁じられていた。とはいえ、戦争は、神が特別な命令に基づいて起こされる時のみ正当と（legitimately）されるのを見てきたが、戦いそのものが禁じられてはいなかった。第六戒とそれが実質的に教える原理は、新しい契約のもとに形成された共同体においては、依然として中心的かつ重要な戒めとされている。しかし、そのような事実があるとはいえ、殺意を抱いて人を殺すことと戦争の関係に関するディレンマが、キリスト者にとってすでに解決されているということを意味しているのではない。キリスト者は、神の国の一員でもあるが、自分が実際に属しているこの世の国家の一員でもあるという、二つの国にまたがって生きる市民として、神の律法に拘束されるのみでなく、確かに自分の所属する国家の様々な法律にも拘束されているからである（ローマの信徒への手紙一三章一―七節）。このように二つの国に属し、二つの国に責任を負う立場に由来する精神的緊張は、容易に解消されるものではない。とはいえ、次のような建設的な主張を明確に指摘することはできるであろう。すなわち、第六戒及び第六戒が具体的に示しており、かつイエスの教えにおいても支持されている基本原理は、現在もなお効力を失っていないということである。つまり、殺意を抱いて人を殺すことは禁止されている。それは、人間の生命に対する畏敬の念こそが、何にもまさって尊重されなければならないからである。この点からすれば、キリスト者が戦争に参画するということは、自動的に禁じられていると考えられる。なぜなら、戦争は、故意に人を殺す行為に他ならず、それは人間の生命に対する畏敬の念の欠如を意味しているからである。従って一般的にいえば戦争は禁じられているといえる。しかし、次の理由からして問題はまだ確かに残っている。戦争は（それ自身常に悪であるが）、（たとえば大量殺戮のような）より大きな悪を排除するためには、時として行われざるを得ないときがある。というのは、人間の生命の尊重という原理は、明白かつ疑問の余地のないものであっても、一方ではこの原理を様々の特定の状況に適用するに際し、無視できない複雑な問題がからんでいるからである。このディレンマとの関連において見なければならない他の側面は、次に戦争との関連において、国家とはどのようなものと考えるべきかを検討するところで改めて浮かび上がってくるであろう。

注

1　戦争が、傲慢な行為であることは、後にイスラエルについて言及する章で、形を変えて述べるつもりである。この点に関して今の段階では、きわめて大まかな内容で、一般化した説明にすぎない。従って、この点については、現実的に倫理的選択を迫られる状況に照らして考える際に、さらに形を変えて論じる必要があるかもしれない。たとえば、ある強力な一人の人間（あるいは一つの国家）が、殺意を抱いて何千もの人々を殺害し始めるとするなら、その何千もの人々の生命を救うために、その一人の人間を殺すことは許されるべき行為かどうかという点についてである。そのディレンマは、（一人の人間を殺す）命令を下すにしても（何千もの人間が殺されるのを）見過ごすにしても、いずれの選択をするにせよ、つまるところ、自分が殺人にかかわりをもつことになるという事実のうちにある。

2　現代の戦争の性質や戦慄について、最も鋭くかつ洞察に富んだ著作の一つに、J・グレン・グレイ（J. Glenn Gray）の『戦士——戦闘における人間の考察——』（*The Warriors: Reflections on Men in Battle,* New York: Harper and Row, 1967.）がある。これは、兵士の死に対する態度を取り扱っている。特に、九七—一三〇頁、参照。

3　E・ライザー（E. Leiser）『写真によるナチス・ドイツの歴史』（*A Pictorial History of Nazi Germany,* Harmondsworth: Penguin Books, 1962, p. 194.）。

4　第六戒と古代イスラエルそのものの状況のなかで第六戒がどういう意味をもっていたかに関するより詳細な研究については、次の二著を推薦する。A・フィリップス（A. Phillips）『古代イスラエルの刑法』（*Ancient Israel's Criminal Law,* Oxford: Blackwell, 1970, pp. 83-109.）、B・S・チャイルズ（B. S. Childs）『出エジプト記——注解——』（*Exodus: a Commentary,* London: S. C. M. Press, 1974, pp. 419-421.）。それは十戒が現代の社会とどのような関係にあるかについての研究については、次の三著を推薦する。それはK・ヘニッグ（K. Hennig）『神の基本律法——今日の人間に対する十戒——』（*God's Basic Law: The Ten Commandments for the Man of Today,* Philadelphia: Fortress Press, 1969.）、H・G・G・ハークロッツ（H. G. G. Herklots）『十戒と現代人』（*The Ten Commandments and Modern Man,* London: S. C. M. Press, 1958.）、ま

たR・S・ウォレス（R. S. Wallace）の『十戒——倫理的自由の研究——』（*The Ten Commandments: A Study of Ethical Freedom*, Grand Rapids: Eerdmans Publishing Co., 1965.）である。

5　オンケロス（Onkelos）の旧約聖書アラム語部分訳（タルグム・オンケロス）の出エジプト記二〇章一三節、参照〔タルグム（Targum）とは、旧約聖書をアラム語に翻訳したもの、またはその注釈である。オンケロスは二世紀に活躍し、彼のモーセ五書のアラム語訳はタルグム・オンケロスとして知られる〕。

6　神学的な視点からすれば、かなりおおまかな内容ではあるが、現代のイスラエルの国家は、このような神が王である国を実現しようとしている唯一の国家ではないか、という人がいるかもしれない。しかし、現代国家としてのイスラエルの憲法のなかには、そのような主張は全く見られない。

7　『ペシクタ・ラバティ』（*Pesqita Rabbati*）。これは、S・ゴールドマン（S. Goldman）『十戒』（*The Ten Commandments*, Chicago: University of Chicago Press, 1965. p. 187.）に引用されている〔ユダヤ教の祭り等に関する正典解釈。正確な成立年代は不明。今日では、五、六世紀にパレスチナで成立したと考えられている。ペシクタは「部分」を、ラバティは「大きな」を意味する。これは、ハヌカー（ユダヤ暦のキスレウの月〈グレゴリオ暦の十一—十二月〉の二十五日から八日間行われる神殿奉献記念祭。ヨハネによる福音書一〇章二二節、旧約聖書続編マカバイ記一の四章五九節、参照）や、過越祭に先立つ安息日（ユダヤ暦の週の最終日で、ユダヤ教で礼拝と安息のために厳守される金曜日の日没から土曜日の日没までの時間。出エジプト記二〇章、申命記五章、参照）、また過越祭（ユダヤ人が出エジプトを記念して行うユダヤ暦でニサンの月〈グレゴリオ暦の三—四月〉の十四日前後から始まる祭り。出エジプト記一二章、申命記一六章、参照）の詳細な解釈などからなっている。また、その重要な部分は、十戒の解釈にも当てられている〕。

8　J・エリュール（J. Ellul）の『暴力——キリスト教の視点からの考察——』（*Violence : Reflections from a Christian Perspective,* New York: Seabury Press, 1969. pp. 145ff.）が、この主題を問題にしている〔邦訳、唄野隆訳『暴力考——キリスト教からの省察——』（エリュール著作集9）、すぐ書房、一九七六年、参照〕。

第六章　戦争と国家

戦争には指揮する力が必要であり
勝利を得るためには作戦を練るべきだ。

（箴言二四章六節）

I

現代の中東で起こっている出来事を追っていくと、歴史は繰り返すという感を禁じ得ない。このことは、現代のイスラエル国家に関しては特に真実なものがある。本章の冒頭の聖句は、一九四九年に書かれた論文の冒頭に引用されたものである。イスラエル空軍の機関誌『バマハネ（*Bamachaneh*）』に発表された論文は、今日では軍人というよりも聖書考古学者として著名なイガエル・ヤディン大将の筆になるものである。大将は、その論文において、現代国家としてのイスラエルが誕生した最初の年に行われた戦争について、戦略的分析を行っている。[1]
　現代の一つの国家としてのイスラエルは、公式には一九四八年五月十五日に成立した。しかし、この国家は、何か月も（実際は何年も）の間、国家としての確固たる基盤を維持するに至るかどうか疑問視されていた。何か国かが公式に承認してはいたが、イスラエルがそのまま国家として存続するかどうかは、イスラエルの戦争に立ち向かう熱意と能力にかかっていた。イスラエルという国が創設され、草創期のいくつかの戦争を見ていくと、確かに歴史は繰り返すという感を抱かざるを得ない。ヤディン大将が上記の論文に書き留めている初期の軍事行動の一つは、一九四八年十月十五日から二十一日の一週間の間に行われた。それには、「十の災い」という作戦名がつけられ、それはエジプト軍を相手に戦われた。その軍事作戦名は、古代のヘブライ人の行った出エジプトに先立つ様々な災厄を想起させる。何よりもそれは、かつてのヘブライ人が、出エジプト後も引き続き生存を賭けた戦いに従事しなければならなかったように、現代のイスラエル人も、生き残るために戦う必要があることを示していた。
　とはいえ、ここでこのようなことを述べたのは、歴史は繰り返すということについて何らかの理論を提示するためではない。それは、むしろ、明白なばかりか重要でもある一つの真理を指し示すためである。すなわち、古代イスラエルにとっても、現代の国家としてのイスラエルにとっても、一つの国が国家として生き残るためには、何としても戦争に訴えざるを得ないことがあるということなのである。古代のヘブライ人はエジプトに留まることもできた。しかし、彼らはエジプトで、長年、奴隷として苦難を強いられてきた。現代のイスラエルの人々も、おそらく、世界各地の片隅に留まり続けることができたであろう。とにかく、彼らは、その地で、長年、忍耐の限りを尽くし、困苦と迫害をくぐり抜けてきた。しかし、古代や現代を問わず、国家が形成される場合は、戦争は不可避であった。理論的には、国家は、平和裡に建設されることがあるかもしれない。しかし、（国際情勢を見渡せば）、理論と現実とは通常大きく駆け離れていた。従って、古代のイスラエルも現代のイスラエルもともに、国家を形成し存続させるためには戦争に訴えざるを得なかった。同時に、自らも困苦と死を甘んじて受けたように、同じ苦しみや死を、他国の人々に味わわせることも避けて通れなかった。

今この第六章の序として述べてきたことによって、本章でこれから検討しようとする問題、つまり国家としての古代イスラエルと戦争との関係の問題が浮かび上がってくる。この問題は、民族国家と戦争の間に何らかの繋がりが必ず存在するという事実から生起する。それは、戦争は、まず少なくとも国家の機能であって個々人の機能ではない、という理由から出てくる問題でもある。国家が戦争に対し何らかの明白な立場を取らねばならないというのは、もちろん歴史から学ぶことができるが、現代の世界においても容易に理解できる事柄である。しかし、古代イスラエルに関連していえば、なお一つ問題が残っている。イスラエルの王国は、明らかに、旧約聖書に述べられているように、当時の他の国々同様多くの点において民族国家であった。ただし一つの点に限っていえば、他の民族国家とは全く違っていた。それは、古代イスラエルは、神を王とする宗教国家であったからである。[2] しかもその民族国家の民は、すべて神の選びの民であった。このような事実（すなわち、宗教的な「事実」）が疑い得ない事柄とするなら、イスラエルは戦争の理論においても、実際の戦争においても、他の民族国家とは異なった特性をもっていてしかるべきであろう。

この問題の検討に入る前に、戦争と国家としてのイスラエルの史的関係を、端的に想起してみることにしよう。そうすれば、今後の議論の展開に有意義な視点が与えられるであろう。それにより、その史的考察から浮かび上がってくる理論的、また宗教的論点を十分に検討することができるであろう。

Ⅱ

古代のイスラエルが国家として成立したのは、ともかくそれが戦いの結果であり、より正確にいえば、それは、事実として、一連の軍事行動の成果であった。しかも、当然のことではあるが、草創期のイスラエルの戦いは、性質上、侵略的なものであった。[3] ヘブライ人は、自らの嗣業の土地と主張できるような土地を本来所有していなかった。すなわち、神が彼らに約束された土地は、その当時、カナン人が占有する地であった。比較的小規模なカナンの数多くの都市国家は、その土地の実際の所有者として、占有している土地を見知らぬヘブライ人に進んで手渡すことなど考えるわけもなく、両者の間に戦争が起こるのは必至であった。

しかし、事実上、イスラエルの初期の歴史において、主の戦い（The Wars of the Lord）（第四章参照）が初めて確認されたのは、カナン人との間にではなく、エジプトを相手にした戦いにおいてであった。すなわち、ヘブライ人は彼ら独自の独立国家を樹立する前に、エジプトにおいて、隷従的な状態から脱し、まず自らの自由を勝ち取らねばならなかった。従って、紅海にエジプト軍を呑み込み壊滅させた奇跡的出来事は、神が導かれたことにより達成された偉大な軍事的勝利として祝われた（出エジプト記一五章一―一二節）。ヘブライ人はまさにその重大な出来事において、新しい次元で、神がどのようなお方であるかを発見するに至った。[4] 同時に、彼らはまた、まさにこの出来事から、約束された地が必然的に所有できるようになるものでないとしても、軍事的征服という手段を通して約束された土地を実際に所有することができるようになるのではないかという見通しを得た（出エジプト記一五章一三―一八節）。

ところで、彼らの最初の戦いは、事前に計画された解放のための戦いとはいえなかった（確かに解放は計画されていたが、しかし、ヘブライ人は、あらかじめ神による「軍事的勝利」が紅海で達成されることを知り得るはずはなかった）。今ここで、この解放のための戦いは、理論的に真に必要であったかどうかを問題にするなら、どれを選ぶにしても害悪でしかないという選択肢から一つを選び取らねばならないという、伝統的倫理的ディレンマに直面することとなった。ヘブライ人はエジプトにおいて忍耐の限界を超えた迫害を受けていた。彼らにとってエジプトに留まるという一つの選択は、苦しみのみが続くことを意味した。エジプトを脱出していくというもう一つの選択は、確実にまた苦難を招くはずであった。しかし、この場合、その苦しみの先には、それをさえ乗り越えれば、喜びが来るはずであるという希望を予見することができた。

出エジプト以後、ヘブライ人は、何世代かにわたって侵略のための戦闘を繰り返し、それが実質的に彼らの生命をつなぐ道となった。彼らはモーセの導きを受けつつ、約束された地の南においても東においても敵と衝突した。さらに、イスラエルは、ヨシュアの指導のもとにヨルダン川を渡ってからは、約束の地を獲得するために、当初は、南方へまた西方へ、さらに北方へと移動しつつ、軍事行動を行った。約束の地に初めて定着した後も、嗣業の地を完全に所有するに至るまでには長い期間を要した。イスラエル人は、支配し始めたその嗣業の地を奪取し、確固たる基盤をそこに築き始めるのと同時に、また次には、侵略のための戦いを続け、その合間に防衛のためにも戦いの数を増し加えていかねばならなかった。古代イスラエルの侵略のための戦いは、ダビデ王の時代に頂点に達し、その時、戦いはついに終わりを迎えるに至った。彼の時代にエルサレムの攻略は成し遂げられ、王国の領地は最大規模にまで拡大され、この民族国家はその全盛時代を迎えた。（ダビデの後継者、ソロモンの支配に委ねられた）「統一王国」の短い歴史が終わりを告げ、統一王国が北のイスラエル、南のユダの二王国に分裂してからは、まさに防衛のための戦いがイスラエルにとっては一般的なものとなった。それ以後の戦いは、すべて他国からの侵略に対しイスラエルが自国を防衛するために行ったものであった。[5] 二つの王国は、国境線を守備するためには、国際情勢の変化や国家間の勢力の均衡と関係の変化に即応し、絶えず戦い続けなければならない状態にあった。結局、北王国イスラエルは程なくアッシリアの軍事力に屈服するに至り（紀元前七二二―二一年）、その後南王国ユダも軍事力に勝ったバビロンによって征服されざるを得なかった（紀元前五八七―八六年）。こうして、二つの民族国家は、結局、独立した政治権力をもつ国家として存続不可能となっていった。それらの国家が、しばらくの間、仮にも存続することができたという事実は、明らかに、それら民族国家が戦争を通して自らを進んで守ろうとした結果であった。

　これまでに取り上げてきたすべての軍事行動を見るなら、古代イスラエルが取った行動は、本質において、古代近東諸国全体に共通するものであったということが強調されてよかろう。[6]

古代の世界においては、国家の成立と存続は、軍事力に強く依存していたのである。聖書時代のアッシリア、バビロン、エジプトのような大民族国家や大帝国は、すべて軍隊を保有していた。もちろんそれらの国は、四六時中戦争をしていたということではないが、戦争を頻繁に行っていたのは事実である。平和の時には、民族国家間の関係は、条約によって保持されていた。すなわち、強大な力をもつ国家同士の間では、平等条約が締結され、強大な国家と弱小国家の間では、宗主権の有無にかかわり不平等条約が締結された。しかし、すべての条約において、条約を締結する当事者双方の軍事力が重要視された。平等条約の締結の場合には、軍事力や軍事的影響力がほぼ均衡していることが前提とされていた。不平等条約のもとでは、従属国に忠誠を約束させるものとして、宗主国の強大な軍事力が必要とされ、単純かつ好意に基づく信頼感を基礎にした忠誠心などは望むべくもなかった。要約すれば、近東諸国間では、軍事力は実際にはあまり用いられなかった。軍事力は、国家間の勢力の均衡を保たせるもの、また戦争の抑止力として機能した。しかし、その時代のあらゆる国際関係において、最も軍事力が重視され、この点に関しては、イスラエルや近東諸国の隣国の間には、異なるところはなかった。

条約に関して考察すると、古代イスラエルにおける戦争と国家の関係にもう一つの側面が浮かび上がってくる。すなわち、現代の多くの旧約学者によって指摘されてきた事柄であるが、シナイ山で神とその民の間に結ばれた契約は、実際、古代に国際間で取り交わされた不平等条約と同じ形態を取っていた。[7] 草創期の国家としてのイスラエルは、ある意味で、このように、宗主たる神に従属する国家であった。国際的な不平等条約に見られるように、従属国は宗主国の権力の前で、完全なる忠誠を尽くす必要があった。それと同様に、イスラエルも民族国家として神に全き忠誠を誓うことを要求されていた。民族国家としての北王国イスラエル〔あるいは南王国ユダ〕は、実際、何度も他の民族国家に隷属することになったが、国家としてそのように他国に隷従し他国の軍事力に忠誠を誓うことは、イスラエルにとって当然宗教的な意味合いをもっていた。というのは、国家としてのイスラエルにとっては、この地上にある国家の臣下として従属することは十戒の第一戒〔あなたはわたしのほかに、なにものをも神としてはならない〕を侵すことであった。このように考えると、ヘブライ人が国家として独立を保ち続けることは、単に王国の存続にかかわるのみではなく、宗教的にも決定的な意味をもつ重要な事柄であった。また、軍事力や戦いの潜在的な能力を整備するということは、国の存続と独立のために必要不可欠であった。

Ⅲ

このあたりで、旧約聖書時代の戦争と国家のかかわりから生じる、理論的また神学的な問題の検討に入ることにしよう。この問題の検討に入る出発点として、「信仰の事実（fact of faith)」と呼び得るものに注目したい。つまり、それは、旧約聖書の時代に、神の国（the Kingdom of God）がどのような特徴をもっていたかということであり、それは、神の選びの民によって構成される民族国家（nation state）という形態を取っていたという事実である。その国がなぜ当時、そのような民族国家という形を取っていたかを問題にすることは、奥義の領域に踏み込むことを意味する（もっとも、この問いについては、次章であまり乗り気はしないものの、試論的に答えていくつもりである）。従って、今ここで問題とする理論的な問いは、次のように要約することができるであろう。すなわち、それは、神の国が民族国家という形態を取るのが事実であるとするなら、国家と戦争の関係については、本章冒頭に述べたものとは違うどのような関係が考えられるであろうかという問いである。

H・J・キャドベリ（H. J. Cadbury）は、この難問に関連し、何年か前に、理論的に選択の可能な二つの考えを次のように述べている。

彼ら（ヘブライ人）には、国際平和への道は二つしか考えられなかった。すなわち、一つは征服によって世界帝国を樹立するか、もう一つは神の介在に頼る道。換言すると、軍事力に身を固めて汎ヘブライ主義を貫くか、あるいは、好戦的な人間を飼い慣らし、獅子や毒蛇を無害のものに変貌させ得る神の奇跡に頼る道を選ぶかのいずれか――それらの二つのいずれかの道が、唯一の確かな戦争に対する選ぶべき対処法であるように思われる。[8]

キャドベリのヘブライ思想の再構成においては、細部について検討する余地が多分に残されているであろう。しかし、上記二つの選択しかなかったことは、疑問の余地はないように思われる。確かに、後者、「神の奇跡」に頼るしかないとする選択は、旧約聖書の記述のなかにも読み取ることができる。ただし、「神の奇跡」は、今直ちに行われるという性格のものではない。それは、預言書のなかには、はるか遠い将来に、いつか必ず実現されるヴィジョンとして示されている。しかも、その「神の奇跡」は、汎ヘブライ主義が最終局面を迎え、その結果、惨憺たる結末を迎えるに及んで初めて選択されることになるように思われる。それに比べ、選択肢の前者の道は、征服と戦争であるが、それははるか将来のいつか実現するヴィジョンとは無関係なもので、今すぐにも選択できる現実味を帯びたものであった。とはいえ、征服や戦争は、どうしても選択しなければならないような必然性を帯びたものであったのだろうか。その答えはおそらく、その通りということになろう。その理由は、「救済史」の本質をある程度探究していくと明らかにされよう。すなわち、神の人間の歴史に対する標準的な参与は、人間や人間的諸制度の通常の活動を通して行われるからである。換言するなら、史的現象として建国されたイスラエル国家は、奇跡的なものではなかったし、人間の普通に存在する社会構造の上に建設されたものであったからである。

このように、イスラエルの古代国家は、自らが神の国であることを公に表明していたにもかかわらず、実際は人間の制度の一つにすぎなかった。そこで、人間の制度である国家としてのイスラエルを、神の国であると表明させるものは、他ならぬ人間の制度である国家としてのイスラエルの歴史的経験のなかに、神がまさに参与しておられたという事実から明らかになる。しかし、国家としてのイスラエルは、他のすべての人間の諸制度に課せられるものと同じ限界に縛られていた。イスラエルはそれ故、当時の現実の社会において、一つの民族国家として、戦わずに身を立てることはできなかった。しかしながら、国家存立のためには戦争が必要不可欠であるという考え方には、なお疑問の余地が残る。そこでこの点に関してもう少し詳細に検討する必要があろう。

ところで、どのような国家も、暴力を通してのみ樹立され保持されるのである。[9] 暴力は様々な形をとって行使されるが、戦争もそのうちの一つであろう。しかし、国家を存続させる上で、戦争はおそらく最も重要な手段ではないだろうか。しかも国家は、ひとたび成立すると、自らの生き残りのために自衛権を行使せねばならない。なぜなら、自衛権の権利の否定は、国家として存続する可能性を断念することにつながるからである。[10] 今指摘した内容は、過去現在を問わず、歴史が教える教訓として素直に肯定できるだろう。というのは、歴史はすべて、国家と暴力の結びつきを示しているからである。[11] しかし、暴力、この故に、すなわち戦争が国家の存続と密接な関連性をもつという事実は、単純に歴史から教えられるものでもない。つまり、エリューールが考察しているように、暴力は普遍的なものであるばかりでなく、「必然の秩序（the order of necessity）」にも関連している。[12] すなわち、暴力は、必然的ものとして、自然性の一表現であり（だからといって、それを善とみることはできないが）、個々の人間生活の場としての社会、さらには国家存続を可能にするために必然的な一般法則となっているからである。

しかし、暴力の必然的行使によって国家は存続するという主張は、あまりにも漠然としており、粗雑な言い方であると思われる。そこで、この立場をより明確にするために、二つの方向から考えてみよう。その一つは、国家は、要するに人間によって構成されていると考える立場である。このようなものとしての国家は、ある意味で人間の性質を反映している。つまり、国家が行使する暴力は、抽象的なものではありえず、実は国家の構成員である個々の人間のもつ暴力が、特別な形をとって表されたものなのである。従って、暴力と国家の結びつきを〔エリュールのように〕必然の秩序と主張するのは、つまるところ、人間の本性との関連で証言を行うのと全く同じことである。第二は、実際に存在するのは国際的（または国家間の）関係であって、戦争と国家の必然的結びつきを考察する際、問題はそのような国際関係という背景に照らして理解されねばならないのである。なぜなら、戦争は、国家と国家の間の暴力が表に現れたものだからである。戦争の問題は、一つの国の本質または活動という点からだけで考えることはできない。それは、国家間の関係に照らして、初めて考察できるのである。[13]

ここまでに述べてきた国家と暴力の分析は、十九世紀の自由思想に見いだされる楽観主義的なユートピア思想とはかけ離れたものであろう。しかしまた、上記の分析が、歴史の証言とともに〔トマス・ホッブズのような〕政治哲学者の見解[14]であるだけでなく、人間や社会の本性に関連して聖書が述べていること、[15]また、生物科学における現代の傾向[16]さえ反映していることは明らかである。暴力は、人間社会にとって必然の秩序なのである。すなわち、暴力は、いわば自然的なものであるが、しかし、それではいかなる状況においても避けられなかったかというと、もちろんそうではない。自由は、必然性を超えたところに存在する。しかし、国家が暴力の必然性を超越している例を歴史のなかに見いだすことは、ほとんど不可能である。なぜなら、その一つの理由は、疑いもないことであるが、暴力が国際的な関係においては、明らかに、ある程度まで必然性をもって行使されるからである。この事実については、古代中国の墨子がその宗教的教えのなかで興味深い説明を行っている。墨子は、古代イスラエルの古典的な預言者に多くの点で類似しており、実際普遍的な愛〔墨子は、人々を平等に愛する兼愛を主張し、戦争に反対した〕の原理に基づいて、その宗教を創唱した。[17]墨子のこの基本原理に照らして考えると、彼は理論的平和主義者であったといえよう。まず彼は、侵略的な戦争に真っ向から反対した。しかし、皮肉なことに、様々な記録によると、現実において彼は、列強の攻撃を受けた弱小国家の援助や防衛のために、何度も出向かざるを得なかった。個人としての彼は、暴力の必然性を超えて行動することのできる自由な人間であり、同時に、多くの人たちに、平和主義者として、明らかに、自分と同じように行動することを勧めていた。しかし、世界全体に関していえば、暴力が後を断つことなく用い続けられるのが現実であり、そのような社会のなかでは、兼愛の実践者にせよ、多くの弱小国家にせよ、生き延びるためには、自己を防衛する（そしてそのためにしばしば暴力に訴える）ことは、避けられなかったのである。

戦争と国家に関して上述してきたことは、古代イスラエルが特別な政治的理論のもとに行動したことを示すものではない。実際、古代イスラエル人がわたしたちに残してくれた文献には、自ら意識して政治理論を構築しようとした証拠はほとんど見あたらない。しかし、これまで政治的に生きることとの現実（また、国家が国家として存在するためには、どのようなことが必然的に必要かなど）について詳述してきたが、そのことを通して、筆者は、古代国家として形成されたイスラエルの存続のためには、その存続の過程のあらゆる時に、国家と暴力（特に戦争）の結びつきが必然的なものとならざるを得なかった現実があることを思う。このような現実から、いくつかの道徳的教訓や宗教的教えがどのように導き出されるかについては、次の章で述べるつもりである。さしあたりここでは、国家の存続という状況が、暴力と無関係なことは考えられない、という事実を確認することで十分であろう。すでに第三章で、筆者は、神がおもに、通常と何ら変わることのない形態や構造によって示される人間の様々な活動を媒介として、イスラエルの歴史に参与されたことについて述べた。古代イスラエルにおいて、国家とは、神が働かれる人間の一つの組織形態であり、戦争はその国家の存続と不可分に結びつく人間活動の一形式であったのである。

Ⅳ

しかしながら、このように論じてはきたものの、戦争と国家という主題に関連し、さらに指摘しなければならないことがもう一つある。それは旧約聖書のなかに述べられているが、その真の意味は奥義につながることでもある。つまり、イスラエルという国家の建設とその存続に関連する様々の出来事は、神の摂理のうちに行われたというのがそれである。この真理は、聖書を織りなす物語のなかの人間的な言葉を通して、ほんのわずか明らかにされているにすぎないが、次に取り上げる一つの例でその内容を知ることができよう。すでにこの章の初めのほうで述べたように、イスラエルにとって、約束の地が他の民族によって占有され続けていたという単純な理由から、その約束の地を手に入れようとする限り、彼らは、戦争を避けるわけにはいかなかった。しかし、神の摂理の故に、それら侵略のための最初の戦いは、避けて通れないなかにも、正当化されたのである。なぜなら、それらの戦争は、嗣業の地についての神の約束を実現するためだけに行われたのではなく、神が、贖われることもなく罪深い生活をしていたその地の住民に、審判を下すという役割をイスラエルに担わせられたことによって戦われたからである。従って、この意味で、その戦争は正当化された。このことは、まさに、神がご自身を啓示される過程で率直に述べられたとおりである。しかし、たとえば、カナン人は、アッシリア人や同類の他の民族よりも必然的結果として道徳的に退廃しており、そのために、確かにカナン人は絶滅の運命にさらされるに十分に値するなどということが、歴史的にみて是認されるはずはなかった。ただし、神は、そのようなことに関係なく、ヘブライ人を、神の邪悪なる国家に対する審判の手段として用い、（政治的に不可避な）征服のための戦いを行わせられたのである。事実、神はそのような方として、聖書に自らを啓示しておられる。それは後程、神がご自身の選びの民に審判を下された時に、異邦の民を用いて勝利の戦いを戦わせられたことと、まさに同じことである。この最後の点は、次の章の中心的な問題としてさらに取り扱うことにしたい。

注

1　この〔イスラエル空軍機関紙バマハネ（*Bamachaneh*）に載ったヤディン大将（General Y. Yadin）の〕論文の英訳は、Ｂ・Ｈ・リデル・ハート（B. H. Liddell Hart）の『戦略』第二版（*Strategy*, 2nd ed., New York: Praeger, 1967, pp. 396-414.）に掲載されている。

2　イスラエルの独自性は、この原理から出てくるのではない（つまり、古代の近東諸国には、他にも神権政治を行う国家が存在していた）。ただ、イスラエルが他の国々と違うのは、もっぱらイスラエルの神のペルソナ〔位格〕に基づいていたことによる。

3　イスラエルが征服のために戦争を行ったか否かに関して、史的真実を問う論争については、すでに第四章Ⅱ節で端的に検討した。その真偽は明白でないとしても、明らかに、聖書の記事は、一つの理念型として、征服のための戦いを示している。この点については、他に、Ｋ・ハンマー（K. Hammer）『キリスト者、戦争と平和』（*Christen, Krieg und Frieden*, Olten: Walter Verlag, 1972, pp. 1-8.）、参照。

4　この神の新しい理解は、「主こそいくさびと」（出エジプト記一五章三節）という感嘆の声に力強く示されている。

5　もちろん例外はある。たとえば、オムリ〔イスラエルの王、アハブの父、列王記上一六章一五―二八節参照〕の場合である。オムリ王については、聖書には詳述されていないが、彼は北王国がその領土を拡大させるためにかなり成功した〔軍の司令官であった〕ようである。聖書本文は、「モアブ碑」〔モアブ王メシャが、イスラエルに対する勝利を書き記した黒玄武岩の碑文〕に刻まれた碑文が示している歴史史料によって補うことができる。J・C・L・ギブスン（J. C. L. Gibson）『シリアのセム語碑文研究』（*Textbook of Syrian Semitic Inscriptions*, Vol. I, Oxford: Clarendon Press, 1971, pp. 75-77.）、参照。

6 古代近東諸国の宗教と戦争に関する議論については、本書「補遺」、参照。

7 G・E・メンデンホール（G. E. Mendenhall）「古代オリエント法と聖書律法」『聖書考古学者』所収（"Ancient Oriental and Biblical Law," *Biblical Archaeologist*, 17/2 [1954], pp. 26-46.）、同じく彼の「古代イスラエルの伝統における契約の型」（"Covenant Forms in Israelite Tradition," *Biblical Archaeologist*, 17/3 [1954], pp. 50-76.）、参照。この他にも、K・バルツァー（K. Baltzer）の『旧約聖書、ユダヤ教及びキリスト教初期の文書における契約規則集』（*The Covenant Formulary in Old Testament, Jewish and Early Christian Writings*, Philadelphia: Fortress Press, 1971.）。M・G・クライン（M. G. Kline）『偉大なる王の契約』（*Treaty of the Great King*, Grand Rapids: Eerdmans Publishing Co., 1963.）、参照。

8 『旧約聖書における国家観』（*National Ideas in the Old Testament*, New York: Scribners, 1920, pp. 66-68.）。

9 この後で述べる内容については、部分的にではあるが、ジャック・エリュールの著作に依拠している。特に彼の『政治的幻想』（*Political Illusion*, New York: Knopf, 1967.）、『暴力――キリスト教的視点からの考察――』（*Violence: Reflections from a Christian Perspective*, New York: Seabury Press, 1969.）（邦訳、唄野隆訳『暴力考――キリスト教からの省察――』（エリュール著作集9）、すぐ書房、一九七六年、初版、一九七四年、一三七頁、一三九頁、参照）。

10 E・ブルンナー（E. Brunner）『神の命令』（*The Divine Imperative*, London: Lutterworth Press, 1937, pp. 469-471.）、参照。

11　国家は、政治理論や政治的実践に関連しては、「暴力（violence）」ではなく「武力（force）」を用いるというほうがよかろう。このように人為的に区別すれば、たとえば、戦争（暴力）と殺意を抱いて人を殺す（暴力）の間の違いが明らかになろう。ただしそれは、犠牲者の数の違いからくるものである。

12　J・エリュール（J. Ellul）『暴力』（Violence, p. 91.）〔前掲、注9、参照。邦訳『暴力考』（エリュール著作集9）、「必然としての暴力」一二七―一四一頁、参照〕。

13　さらに、ケネス・N・ウォルツ（Kenneth N. Waltz）『人間、国家及び戦争――理論的分析――』（*Man, the State and War: A Theoretical Analysis,* New York: Columbia University Press, 1959.）、参照。

14　たとえば、トマス・ホッブズ（Thomas Hobbes）『リヴァイアサン』（*Leviathan*<1651>）〔邦訳、水田洋訳『リヴァイアサン』（1―4、全四冊）、岩波文庫、1―一九九二年改訳、2―一九九二年改訳、3―一九八二年、4―一九八五年、参照〕。

15　創世記一―一一章。

16　ロバート・アードレイ（Robert Ardrey）『社会的契約――秩序及び無秩序の起源に関する個人的研究――』（*The Social Contract: A Personal Inquiry into the Evolutionary Sources of Order and Disorder,* New York: Atheneum, 1970.）、参照。

17　さらに、D・ハワード・スミス（D. Howard Smith）『中国の宗教』（*Chinese Religions,* London: Weidenfeld and Nicholson, 1968, pp. 60-68.）、またW・T・ド・バリー（W. T. de Bary）他編『中国の伝統の起源』第1巻（*Sources of the Chinese Tradition,* Vol. I, New York: Columbia University Press, 1964, pp. 34-47.）、参照。

第七章　戦争における敗北の意味

主は敵の前であなたを撃ち破らせられる。
あなたは一つの道から敵を攻めるが、
その前に敗れて七つの道に逃げ去る。

（申命記二八章二五節）

I

一九四二年八月十七日、フランスのディエップ近郊の海岸に向けて、悲惨をきわめることとなった奇襲作戦が開始された。それは、マウントバッテン大将指揮のもとに行われ、およそ三千人のカナダ軍部隊と少数のイギリス軍が攻撃に加わっていた。その襲撃では、カナダ軍部隊のおよそ千八百名が戦死または捕虜となり、どのような尺度からみても作戦は恐るべき大失敗であった。

チャールズ・ウィルソン（Charles Wilson）卿（モラン卿）は日記に、ディエップの惨事が起きた時、ウィンストン・チャーチルとともにカイロに滞在していたと記している。ウィルソン卿はチャーチルの主治医として、直接、この偉大な人物が数多くの苦境にみまわれるのを観察することができた。ウィルソンは、ディエップの惨事について、チャーチルは、「失敗」という語を誰かが使うと耳を塞いで聞かなかった、と回想している。すなわち、チャーチルは、敗北からさえも教訓を学び取ることができると主張したというのである。事実、その後、占領されていたフランスに最終的に侵攻を開始するに際し、ディエップの敗北は重要な教訓を提供した。[1]

戦争における敗北は、常に何事かを人に学ばせるようである。しかし、どのような種類の教訓が学び取られるかについては、敗北の厳しさの程度によってその内容は大いに変わってくる。ディエップでは敗北したとはいえ、それは完全なものではなく、きわめて限定された範囲のものであった。なぜなら、その奇襲作戦は、大規模な戦争のなかの単なる一軍事行動にすぎなかったからである。敗北は、通常、新たな戦争を仕掛けるにあたって、それまでより慎重な作戦を立てる必要があることを教えてくれる。しかし、戦争において敗北が完全かつ決定的なものとなった時には、作戦を練り直そうと考える余地など全く論外のこととなる。そのような場合には、より深い次元で、はるかに重大な教訓が学び取られるべきなのである。

古代イスラエルに話を戻せば、国家はもとはといえば戦場において築き上げられた。しかもまた、その終焉の時は、戦いを通してもたらされた。さらに、最終的に迎えることになった終焉は、あまりにも完全であったため、敗北からは、当然、神並びに人間の生き方について、全く新たな教訓が学び取られるべきであることが明らかになった。そこで会得された教訓こそ、後世の歴史に絶大な影響を与えるものとなったといえよう。それはさておき、この教訓の検討に入る前に、神の選びの民がその敗北に際し経験した史的事実を、端的に見ておく必要があろう。

Ⅱ

ソロモン王の死後、古代イスラエルの「統一王国」は、二つの小国、すなわち北イスラエル王国と南ユダ王国に分裂した。その後も二王国は、結びつきや類似した関係をある程度まで保ち続けた。しかし、もともと統一されていた君主国家が二王国に分裂したことは、少なくとも軍事力が弱体化したことを意味した。以後、比較的弱小の二王国は併存するのみで、双方はともに当時の強大な勢力、すなわち、北東方のアッシリア（または、後のバビロン）と南方のエジプトから事あるごとに攻撃される、弱い立場に立たされることになった。
北王国の歴史は、短命で、およそ二世紀しか続かず、結局、軍事強国アッシリアが南方に拡張政策を取るに至って終わりを迎えた。紀元前七二二―二一年に首都サマリアが攻略され、アッシリアに占領された時には、王国としてヘブライ人の伝統に遡ることができる流れの一つは、そこで完全かつ決定的に終局を迎えた。また南王国ユダも、北王国に比べ一世紀少々長く存続したにすぎなかった。北王国同様、最後には戦いに敗れ滅亡した。紀元前五八六年には、アッシリアを制したバビロニア軍が、ついに南王国ユダとその首都エルサレムの征服を成し遂げたからである。[2]
小国ユダの最後は、あらゆる意味において完全な敗北であった。ユダは征服された。すなわち、都エルサレムは占領されただけでなく、その時頑丈に築かれていた城壁は根こそぎ破壊されて姿を消し、都全体が焼き尽くされた。ゼデキヤ王はその後、自分の息子たちが処刑されるところを目撃させられた。自らは占領軍の手によって目をえぐられ、捕虜となってバビロンまで連れて行かれた〔列王記下二五章一―七節参照〕。その後、彼はバビロンの地で死を遂げた。ユダ王国において宗教上、軍事上、政治上、何らかの職務に携わり、重要な地位についていた市民の多くは処刑され、それを免れた者の大部分はバビロンに捕虜として連行された。当時は、民の誰もが、選びの民と考えられていた民族と神の約束によって先祖から受け継がれてきた嗣業の地も、終焉の時を迎えたと思ったであろう。これほど完全な敗北を経験した後で――少なくともいくばくかのユダヤ人が――学び取った教訓は、当然、きわめて深遠かつ有意義なものであったに違いない。

さて、選びの民がこうむった軍事的敗北によって最も悲劇的であったことの一つは、敗北が自らかつて行った征服の裏返しの形を取っていたことにある。古代のイスラエル人は、何世紀か前、神の歴史への介入に支えられ、彼らに約束された地を最終的に占領するに至った。神の摂理において、カナン征服の目的とされた一つのことは、その地に居住していたカナン人に、背信行為の報いとして神の審判を下すことにあった。ところが今や、カナンの先住民同様、ヘブライ人もまた、自ら占領していた土地を失うことになった。これは、軍事的敗北をどのように理解したらよいかを教える一つのよき事例である。カナン人はかつて、邪悪さのためにその土地から追放される憂き目を味わった。今や、イスラエル人も、嗣業の地を失うこととなったが、それは考えてみると、彼らの行った数々の背信行為の結果ではなかっただろうか。このようなことを通して、神が人を分け隔てなさらない方であるという真実は、時とともに明らかになってきた〔使徒言行録一〇章三四―三五節参照〕。さらに、なるほど神の摂理については、常に、十分に理解できるとはいえないかもしれないが、神が人間を取り扱われる過程には、ある種の正義（justice）が明示されていることが、また時とともに明らかになってきた。

しかしながら、イスラエル人が自ら行った背信の故に約束の地を失わざるを得なかったということは、別のより根本的な問題を提起させる。すなわち、それは、敗戦や約束の地の喪失は、神が民と結ばれた契約を回復不可能なところまで破棄され放置されることを意味するのか、という問いである。律法をどこまでも厳格に解釈すれば、その答えは「しかり」ということになろう。つまり、イスラエル人は、いくつかの点で契約条項を履行しなかったのであり、その結果として、神は契約を履行する責任を果たされる必要はなかったからである。ところが、まさにこの点において、神の性質はより深い次元で理解されねばならないことが啓示されることとなった。そして、神の性質をより十分に察知し始めたのは、当時活躍していた預言者たちに他ならなかった。そこで、わたしたちは、戦争における敗北ということからどのような教訓が見いだせるかについて学ぶため、今これから、預言者たちに焦点をあてて考察する必要があろう。

Ⅲ

さて、選びの民に対し神のスポークスマンになるという責任を負った預言者たちは、その同胞たちに比べ、宗教的事柄と国家的事柄の間に密接な関係があることを、常に明確に察知していた。彼ら預言者たちは、戦争や戦争の脅威は単なる運命を超えたものであり、国家間の力関係の変動で生起する偶発的結果ではないことを理解していた。すなわち、預言者の目からみると、国境近くで起きる軍事的に危険な状態は、国の内部で見いだされる宗教的かつ道徳的な危機的状況とも密接に関連していた。従って、預言者たちは、南王国ユダが終局を迎えるはるか以前から、国家滅亡を常に明確に予見していた。預言者はまた、一方で王国の領土は神が契約に基づいて贈与されたものであり、他方ではその国の社会的、道徳的な退廃は、選びの民が契約を履行する責任を果たさなかったことによると考えていた。預言者が公言した、来たるべき審判の預言は、彼らに与えられた特別な予知能力の現れというよりも、いわば南王国ユダに満ち溢れていた道徳的霊的な退廃の結果として、預言者が、当時の状況は神の審判を免れることはできないと予見していた事実を物語るものであった。しかし、彼らの予見は、預言者たちが神は聖（holiness）なる方で義（justice）なる方であることを衷心から知っていた事実を示す例であり、彼らはその結果、神のスポークスマンとしての役割を果たしながら、神が選ばれた民の罪、偽善、無節操な重層信仰（シンクレティズム）、また不品行などが、必然的に神と民の間の契約関係違反であることを明らかにしたにすぎなかった。

しかも、預言者たちと神との間には特別に親密な関係が成立していたことにより、神は、彼らにより深い洞察力を与えられていた。一つの見方にすぎないが、神と選ばれた民との間の関係は、律法を与えた者と与えられた者との関係であった。つまり、法的にいえば、選びの民は、自らの犯した律法違反の罪によって神の祝福に与る特権を失っていた。しかし、預言者は、その契約の根本にあるものは、律法そのもののなかにあるものよりもより深い次元に存在していることを熟知していた。すなわち、最も深いレヴェルに目を向けるなら、契約関係を最初に結ぼうと働きかけられたのは神であり、しかも神は、愛故にそうすることを考えられていた。預言者たちは、この点を洞察していたのであり、彼らは、伝統的な古い形における契約の終焉、つまり、神の選びの民が一度は建設された王国が近く終わりの日を迎えざるを得ないことを、一方で見抜いていたとはいえ、それが最終的な終わりになるとは決して信じてはいなかった。悲惨な戦いの結果、敗北を契機として生起する、いよいよ終焉の時と思われる局面から、すなわち、敗北のまさに真っ暗闇の状況を通して、また新たに将来が開かれてくるというヴィジョンが彼らには啓示されていたからである。

はるか彼方にある、それまでとは異なる将来についてのヴィジョンは、様々な形をとって表明された。預言者のある者は、そのヴィジョンを漠然とした単なる希望にすぎないと考えていた。しかし、南王国ユダが滅亡の危機を目前にしていた時代に生を受けたエレミヤにとっては、ヴィジョンはより明確な形を取っていた。当時すでに、伝統的な形の古い契約が終わりを迎えるであろうことを見抜いていたエレミヤは、新しい契約について預言した（エレミヤ書三一章三一―三四節）。古い契約は民族国家が建設されるという外的な形式を取っていたのに対し、新しい契約は、人間の心のなかに神が内側から働きかけてくださるという点を特徴としていた。その当時、エレミヤが注目し始めていた特徴は、人類にとって真に必要とされるべき性質のものであった。すなわち、選びの民が神の求められた高次の召命に答えられなかったということは、人間の心において、ただ神の御業によってのみ満たされる、人間により深い次元で必要とされる事柄を指し示すものであった。

しかし、別の預言者の一人は、特に人の心を刺すような言葉で将来の見通しを預言しているが、それによると、平和と戦争という概念が互いに密接に結びつけられており、感動を呼びさまされる。その預言者とはゼカリヤであり、南王国ユダが敗北し、何世代か後に生を受けた人物である。彼は、時代の移り変わりを見つめながら、敗北が意味することについて十二分に考えることができた。そのような彼は、民衆に向かって、「見よ、あなたの王が来る」（ゼカリヤ書九章九節）と宣言したのである。古代の社会では、「王」という語は、直ちに、君主や軍事力を想起させるものであった。ゼカリヤはその印象を補うかのように、「彼の支配は海から海へ／大河から地の果てにまで及ぶ」（九章一〇節）と、その考えをより広い範囲へと広めている。しかし、ここで、預言者はそれまでに経験したことのない王について語っているのであり、事実その王が来られる時の様子は、謙遜さを特徴とされ、王のメッセージは平和であると預言した。しかも、王は、エルサレムに入城される時、子ろばに乗って来られるとも語った。その王が戦いを主導する偉大な王であるなら、豪勢な騎馬に先導された馬車に乗って入城されるのが最もふさわしい姿であったろう。なぜなら、子ろばに乗って都エルサレムに入城されるのは、むしろ滑稽なへりくだりの姿としか映らないからである。その様を現代にあてはめて表現するなら、大統領がキャデラックやロールス・ロイスでなく、十年も前の型のフォルクスワーゲンに乗って首都に入るのに類似している。このゼカリヤの時代から数世紀を経過した時、新約聖書冒頭の福音書、マタイによる福音書の記者マタイは、主イエスご自身によってまさに古代の預言が成就したことを確認したと書き記している（マタイによる福音書二一章五節）。

Ⅳ

わたしたちは、ここで、イスラエルの敗戦という事実から重大な教訓が学び取られなければならないことを見ていきたい。その手初めに、エレミヤが預言した「新しい契約」という語に注目しよう。筆者が使用しているキリスト教徒の用いるいわゆる聖書は、旧約聖書と新約聖書の二つの部分からなる。しかし、このいずれもが、「聖書（テスタメント）」という語で表現されているが、これは誤解を招きやすい言葉である。すなわち、より正確に翻訳すれば、その語は「契約（カベナント）」と訳されるほうがよい。また、「契約」のほうが、その内容に照らしてよりふさわしいであろう。ところで、旧約聖書は古い契約の物語を記している。それは、イスラエルの族長たちが期待していたものであり、シナイ山で締結された。一方、新約聖書には、イエス・キリストご自身によって、新しい契約がもたらされた次第が詳述されている。旧約聖書と新約聖書の違いは、もちろん以上のことだけにとどまらない。旧約聖書では、神の国は民族国家という形を取っている。その旧約聖書のなかには、神の支配のもとで国家が様々な形態を取ったこと、またその存続や盛衰が記されている。一方、新約聖書には、神の国が、イエスの教えのなかでも中心的主題となったことが提示されている。すなわち、イエスによれば、神の国は決して民族国家と同じものではなく、人間の心のなかにある王国である。そのようなものとしての神の国は、物理的な限界や地理的な境界をもつものではない。その王国は、人が実生活において主イエスを王と認める限り、人間の心からどこまでも拡がっていくものなのである。

歴史的視点から見ると、外に現れた古い契約の形を終わらせたものは、まさに戦争における敗北であった。しかもその敗北によって、人間はようやく、神との契約を真剣に考え、人間は人間性について、また神が人間をいかに取り扱われるかについて、深く探究する契機を獲得したのである。ところが、現代の読者の立場からすると、古い契約は契約として失敗であったとしか思えない場合がある。それどころか、神の国はそもそも、どうして、まず、民族国家という形を取ったのかについて疑問を抱く者もある。確かに、その契約は失敗に終わった。しかし、落ち度は人間の側にあり、神の側にあるわけではない。古い契約において、神の国がなぜあのような民族国家という外見的な形を取ったのかについては、究極的には奥義に属することであり、神の摂理の一部をなす事柄であるとしかいえない。それにしても、新しい契約に与っている者としては、その古い契約から会得できる教訓が数々あるはずである。

その第一には、民族国家としてのイスラエルの歴史でもある古い契約の歴史は、政治にかかわる人間についての洞察力を与えてくれる。神から高次の特別な召命を与えられていたヘブライ人でさえ、国を存続させることは不可能であった。神の国が政治的国家という形を取る限り、それは人間や社会の性質に本質的に備わっている暴力を志向する本性によって、発展することはきわめて不可能であった。ヘブライ人の犯した失敗は、旧約聖書のなかでは、批判されるべき事柄として描かれているわけではない。彼らの失敗は、人間すべてがもっている欠陥、すなわち、わたしたち人間すべてにとって本質的な性質をさらけ出したものにすぎないのである。このようにして、民族国家としてのイスラエルのたどった歴史は、全人類に一つの教訓また警告としての意味を与えてくれる。つまり、政治という制度は、人間社会が存続する限り必要不可欠なものかもしれない。しかし、それは、神の国と比肩されるものでは決してないのである。

第二に、古代イスラエルの、この故にすべての人間の政治的経験は、人間にその真実の性質を痛感させるとともに、またそれ故人間がどうしても必要とすべきものが何であるかを認識させる機能を果たす。ヤコブは、(国家間の紛争を特に留意して述べているわけではないが)「何が原因で、あなたがたの間に戦いや争いが起こるのですか」と問いかけ、それに自ら「あなたがた自身の内部で争い合う欲望が、その原因ではありませんか」(ヤコブの手紙四章一節)、と答えている。厳密な意味においては、確かに戦争は国家の機能の一つであるといえよう。しかし、それにもかかわらず、戦争は単に、人間の本性が規模を大きくして表に現れ出たものにすぎないということができるであろう。従って人間はすべて、その心の深いところにおいて、神に大いなる御業をなしていただく必要があるのであり、人々はその御業を通して、神の国の国籍を与えられるのである。またそうされた人間はすべて、神の国の王、主イエスと同じように、謙遜を旨とする人間になるべきであり、その時に初めて平和のメッセージを語ることができるようにされることはいうまでもない。

V

ところで、キリスト教の歴史の悲劇は、しばしば、旧約聖書が戦いの敗北を通して示している教訓を忘れてしまったことに起因する。キリスト教の歴史において、神の国をどのようなものと捉えるかについて考える際、繰り返し、民族国家と混同して捉えてきた。また、教会も、神の国の民よりなる人間的組織として、すすんで民族国家としての機能を果たそうとしてきた。[3] 教会がどのような人間的な形態を取ろうと、自らを民族国家として機能させたり、また、どのような民族からなる国家でも、それを神の国と全く同一のものと見なしたりするなら、それは、たとえ神の国の民の行うことであっても、彼らが、旧約聖書に明確に描かれている戦いの敗北という事実からいかなる教訓も学び取っていないことを示している。

一八九九年に、ヴィクトリア女王は、A・J・バルフォア（A. J. Balfour）に「わたしたちは、敗北の可能性などに興味はない」、と印象に残る勇ましい感想を述べた。しかし、この言葉は、旧約聖書が示そうとしていることとはまさに正反対のことを意味していた。すなわち、戦いの敗北こそは神の国に対する新しい可能性を開示するものであり、その可能性は、主イエスご自身において、また主イエスが語られた神の国の本質に関するメッセージにおいて、確かに成就したからである。従って、わたしたち新しい契約のうちに生きる民は、旧約聖書の本文を開き、そこに記された戦争の敗北から何らかの教訓を学び取ることができるとするなら、それは、主イエスご自身が成就された新しい神の国がどのようなものであるかについて知ることもなく、結局戦場に出て惨敗を喫する憂き目にあうよりは、はるかに望ましいことなのである。

この章を要約するなら、キリスト教のいう神の国は、決して民族国家と同じものと捉えることはできないこと、またそれ故に神の国それ自身は、決して戦争を引き起こすものではないということである。この世の民族国家が戦争を正当なこととして（legitimately）行うことができるかどうかは、これとはまた別の問題である。それは国際間の事情や国際法の領域で論じられることになるであろう。しかし、個々のキリスト者にとってより緊急を要する課題は、自分自身と世にある国家との関係という問題であろう。この問題は、最後の結論の章で取り上げるつもりである。しかし、その前に、旧約聖書そのもののなかで問題とされるべき重要な論点がまだ一つ残っている。それは旧約聖書の記者たちにとって、平和とはどういうものであったかという問題である。

注

1　『チャーチル――生き残りのための戦い（一九四〇―一九六五年、モラン閣下の日記から）――』(*Churchill: Taken from the Diaries of Lord Moran: the Struggle for Survival*, 1940–1965, Boston: Houghton Mifflin Company, 1966, p. 73.)、参照。

2　ここに示すのは、最も一般的な歴史の知識でしかない。詳細に北王国イスラエルや南王国ユダの歴史また運命について研究したい方には、以下の著作を推薦する。ジョン・ブライト（J. Bright）『イスラエル史』（*A History of Israel,* London: S. C. M. Press, 1960.）〔邦訳、新屋徳治訳『イスラエル史』聖文舎、上、一九六八年、下、一九七二年〕。またM・ノート（M. Noth）『イスラエル史』（*The History of Israel,* London: A. & C. Black, 1960.）〔邦訳、樋口進訳『イスラエル史』日本基督教団出版局、一九八三年〕。

3　キリスト教組織が国家の様相を呈した例、また戦争に必然的にともなう変化の例については、ギュンター・レヴィ（G. Lewy）『宗教と変革』（*Religion and Revolution,* New York: Oxford University Press, 1974, pp. 71-153.）、参照。特にその理論的分析については、pp. 237-274. 参照。

第八章　旧約聖書と平和

彼らは剣を打ち直して鋤とし
槍を打ち直して鎌とする。
国は国に向かって剣を上げず
もはや戦うことを学ばない。

（イザヤ書二章四節、ミカ書四章三節）

I

近代の世界に生きることは、人間をディレンマ（板挟み）の根源に陥らせるアイロニー（皮肉）のなかに特徴づけられている。アイロニー、すなわち皮肉の一つは、今世紀に世界平和をもたらすために意図された最も重要な二つの試みが、何と二つの世界大戦を契機に生み出されたという事実のうちに見いだされる。

国際連盟規約の前文には、次のような気品に満ちた言葉がある。すなわち、「主要な契約当事国は、国際協力を促進し、国際的平和及び安全を達成するために、戦争には訴えないという協定を批准することによって、国際連盟のこの契約を協定する」（日本語の「国際聯盟規約」の前文そのものは、「締約国ハ戦争ニ訴ヘサルノ義務ヲ受諾シ、……（中略）……、以テ国際協力ヲ促進シ、且各国間ノ平和安寧ヲ完成セムカ為、茲ニ国際聯盟規約ヲ協定ス」、となっている」、と。この契約の起源は、第一次世界大戦（一九一四―一八年）という最も暗黒な時代に遡ることができる。[1] しかし、高潔な目的のすべてを達成するためには、この契約はあまりにも無力であった。なぜなら、契約が発効してわずか二十年も経過しないうちに、世界は再び戦争に突入したのである。国際連合憲章の冒頭も、きわめて感銘深い言葉で飾られている。「われら連合国の人民は、われらの一生のうちに二度まで言語に絶する悲哀を人類に与えた戦争の惨害から将来の世代を救い、……これらの目的を達成するために、われらの努力を結集することに決定した」、と。そして、この憲章の第一章、第一条、第一項には、「国際連合の目的は、次のとおりである。国際の平和及び安全を維持すること」、とある。繰り返すが、国際連合憲章の起源は、第二次世界大戦の中期まで遡ることができる。すなわち、この憲章の最初の署名調印は、一九四五年六月二十六日に行われ、第一回総会は一九四六年一月に開催されたのであった。

人間がかつてない熱意に駆りたてられて平和を希求したのは、戦争により暗黒と恐怖のどん底に陥った時であったということは、まさに人間の本性そのものを示しているといえよう。しかし、この国際連合の起源に関連するものより、より理解に苦しむアイロニーもある。一九四三年十月のモスクワ会議において、ソビエト連邦、中国、イギリス、アメリカの政府代表は、国際的な組織をつくろうとして、その決意を表明した。そして、その決意表明は、後に国際連合の創設を通して実現された。とはいえ、その同じ一九四三年に、カナダのケベックでは、イギリスとアメリカが、核兵器の開発に関する情報交換を行うことで合意した。しかもその合意は、原子爆弾の開発及び製造を促進するためのものであった。一九四五年八月、国際連合憲章が六月に調印され、わずか数週間しかたっていなかったが、核兵器が初めて日本で用いられた。こうして国際連合憲章において「戦争の惨害」と呼ばれたものは、決して過去の出来事ではなく、再び現実のものとなった。

戦争は人間の心のなかから起こる。しかし、戦争を通して、人間はまた平和を願い求める。しかしながら、平和への望みは、人間が創設した政治的機関の名において語られると、平和への願いの言葉は結局抑制され、戦争は今もなお必要なのかもしれないというような、戦争を承認する告白にすり変えられることがしばしばある。国際連合憲章はその目標を達成するために、「武力を用いない」と規定している。ただしそこには、「共同の利益の場合を除く外」と、留保条件がつけられている（憲章の前文）。

現代においても同じことがいえるが、聖書の時代にヘブライ人の聖書記者たちが平和を希求したのは、悲惨な戦いの状況や脅威に直面した時である。しかし、彼らの平和への望みは、本来人間的努力や政治組織を頼りにしたものではなかった。聖書の記者たちがわたしたちに与えているのは、現代的な意味における平和のための契約や憲章といった類いのものではなく、平和へのヴィジョンであった。ここでは、彼らが示してくれたヴィジョンに立ち返って考察する前に、旧約聖書に記されている平和に関する一般的問題を検討することにしたい。

Ⅱ

ヘブライ語で一般に平和と訳されている語は、シャローム（*shālôm*）である。しかし、この語は「戦争」と対照的な単なる「平和」よりも、より広い意味合いをもつ言葉である。[2] シャロームは、本来「欠けのないこと」（wholeness）、または、「完全であること」（completeness）を意味しており、この元来の意味が、この言葉が用いられる状況によって特別な意味に変化する。

そのためこのシャロームは、「健康」を意味したり、「繁栄」を意味したりすることさえある。この語はまた、（戦争と正反対の状態を意味する）「平和」を指すこともある。というのは、戦争は人間生活の断片化を特徴とするものであるが、それに対し平和は、個人的、社会的なレヴェルにかかわらず、欠けのない生を享受するための条件を提供するものであるからである。しかしながら、戦争の反意語としての平和は、ヘブライ語のシャロームがもつ多様な意味のなかでも特別なものである。すなわち、シャロームがもつ平和という意味は、欠けのない生活を享受するための環境を提供する。しかし、その平和は、必ずしもいつも欠けのない生活を享受できる環境を意味するわけではない。また、預言者エレミヤが指摘しているように、「平和、平和」と民がどれほど語っても、現実には「平和がない」（エレミヤ書六章一四節）時もある。なぜなら、欠けのない完全な状態をさす平和は、戦争のない状態を意味するだけでなく、不義（injustice）や虚偽（falsehood）がないこと、つまり、正義（justice）や真理（truth）が厳然と存在していることを条件としているからである。

　旧約聖書に示されている平和について十分な理解を得るためには、歴史的検討よりも、むしろ神学的研究のほうに力を注がなければならない。たとえば、現代の歴史家たちを例に上げるなら、彼らは確かに古代イスラエルが隣国と交戦していた時代だけでなく、平和な関係にある時代についても研究するであろう。すなわち、彼らは、旧約聖書に記された史的史料を調査し、それを古代近東諸国の歴史記録と対照させるであろう。歴史家はまた、旧約聖書の時代において、民族国家の間で、交互に戦争と平和の状態が繰り返されることについて、当時の政治的、経済的、また社会的原因を研究するかもしれない。しかし、現代の歴史家たちがこのような検証作業を完成し、たとえ価値ある結果を得たとしても、聖書的な意味において平和を作り出す要因や特性を見究めることは到底できないであろう。一方、聖書記者たちは、戦争、平和、歴史についての考えを、他の事柄についてもいえることだが、神学的視点から述べている。すなわち彼らは、主権者である神が、人間の諸問題に参与されることを知っていた（現代的な言い方をすれば、そうすれば必要前提条件として受け止めていた）のである。旧約聖書の平和が真に意味するところは、戦争と対照的な、たとえ限定された意味での平和であるにしても、神学的な枠組みを離れて見いだすことはできないのである。すなわち、それは、神がどのように人類を取り扱われるのかを理解して、初めて知ることができるようになるからである。

このように、平和のより広い意味を把握しようとするなら、わたしたちは、まず戦争と対照的と見られる平和と直接関係するような事柄だけにこだわることなく、多くのことを検討していかねばならない。そこで、ここでは、古代ヘブライ人の宗教の本質を端的に述べることから始めよう。単純化しすぎる懸念はあるが、その本質は、三つの重要な言葉で要約される。それは、(イ) 関係（relationship）、(ロ) 疎外（alienation）、(ハ) 希望（hope）である。

関係とは、創造そのものに根ざす事柄である。人間は神により創造され、神との関係を享受するためにこの世におかれた。創世記によれば、人間は堕落前には、そうした神との関係を十分に享受していた。人間は、本来の性質としても、神の被造物として欠けがなく、完全なものであった。これが神と人間にとって、平和の本質をなすものであった。しかし、堕落によって明らかになったように、人間の神に対する反抗により、人間と神との関係は疎外されたものとなった。すなわち、欠けのない原初的な完全な状態は、断片化された生へと変えられた。欠けなき人間の完全なる生は、神により人間に本来的に備えられていたものであるにもかかわらず、断片化して虚しいものへと変えられていった。そして、その変移のなかにこそ、人間があらゆる次元でかかえこむことになった、解決不可能なディレンマが見いだされる。神及びその同胞としての人間の間の完全な関係こそ、本来の（あるいは神が付与された）人間の本来の状態であったのであり、人間はその状況にふさわしい存在として創造されていた。換言するなら、平和とは、人間に本来与えられていた状態であり、わたしたちには平和であった時の記憶や、それを希求する願望が備わっていた。その記憶や願望は人間から決して霧消するようなことはなかった。しかし、堕落によって、神との間に疎外という関係が生じ、それが人間の状況の本質になった。疎外は、人間の生を完全なものとすることはなく、人間の生を断片化するのみである。また、人間存在の規範となった生の断片化には多くの側面があるが、戦争もその一つに他ならない。神と人間の間にできた疎外という関係は、また、人間と人間の間にも疎外という関係を導いた。戦争は、人間と人間の間を疎外させる、一つの側面を示すものにすぎない。

関係から疎外への変移によって作り出される緊張関係は、旧約聖書全体を通して、あらゆる個所に一貫して見いだされる。シナイ山で神がヘブライ人との間に結ばれた有名な契約は、神が人間と関係をもち続けようとされた一つの意思表示であった。神は自らの恩寵によって、ご自身と選ばれた民との間に特別な、また密接な関係を築こうとされた。しかし、その関係には一つの条件がつけられていた。その条件はその契約の本質そのものにかかわっていた。契約は持続する関係を表すものとして、契約の当事者双方の持続的な献身と信頼を要求していた。とはいえ、神の人間に対する態度には問題はなかった。もちろん、ヘブライ人には、契約に対して絶えざる献身が要求されていた。ヘブライ人が契約に応じない時には、彼らは契約の定める律法を破棄した罰としてではなく、神に離反したことに対する当然の報いとして、神の呪いを受けることとなった（申命記二七―二八章）。このように、契約は、当事者双方がどのような関係にあるかについて規定するものであった。しかし、その契約に違反したことによって、人間と神との間には疎外という関係が持ち込まれた。とはいえ、このような契約関係を背景に見ながら、ヘブライ人の王国の歴史を読むと、人は誰もが強い不快感を抱かざるを得ない。なぜなら、その契約は再三再四破られ、最終的に紀元前五八六年にエルサレムが陥落し、南王国ユダが滅亡した時点では、その関係が回復不可能なところまで破壊し尽くされたかのように思われた。こうして、神と人間の間で古くから絶えることのなかった葛藤の末に、疎外の関係が神と人間の間の関係に取って代わったということができるだろう。

ところが、ヘブライ人と神との間の疎外の関係こそが、彼らと神との関係として特徴的であったまさにその時代に、希望の種子が撒かれつつあった。（すでに第七章で考察したように）、預言者たちはヘブライ人の罪深い真の霊的状態に気づいていた。事実、その時代の、戦争にせよ敗北にせよ、それにともなう思いもよらない惨事にせよ、すべては、ヘブライ人の霊的状態を如実に物語るしるしに他ならなかった。神との完全で生き生きした関係を回復できるとするなら、人間は自らの心の深みに、神の真情溢れる働きを受けねばならなかった。また、それだけでなく、真の平和は神ご自身のうちにのみ見いだされるもので、決して人間のうちには見いだせないという事実にも目覚めねばならなかった。

平和とは、このように、その時々の状況によって変わるまぎらわしいものなのである。すなわち、戦争とは対照的な意味をもつ平和も、不義と欺瞞が国家を特徴づけているような場合には、真の平和とはいえない。しかし、まやかしではない真実の平和が存在した時もあった。それは、決して国際関係における環境の変化によって成立するものではなく、まさに神との関係が健全であったために、結果としてもたらされたものであった。ヘブライ人の神学をもとに歴史を理解すれば、平和とはまさに神によってもたらされるものなのである。しかし、それは神が専断的に与えられるものではなく、神との関係における人間の行為に依拠するものであった。神との間の健全な関係は、人間相互の関係を欠けのないものに作り変え、その結果として人間に平和をもたらすのであった。他方、神と人間の疎外という関係は、人間の生を断片化し、またその結果として人間と人間の間に紛争を生じさせた。まさにここに、平和に関する諸原理が見いだされることはいうまでもない。とはいえ、これらの平和の原理によって、神が人間とともに行われるすべての御業に説明がつくわけではない。ヨブが発見したように、神が人間とともになされる御業のいくつかには、奥義として不可解な部分がある。なぜなら、それらの神の御業は、神学的また知的な理解を超えているところがあるからである。

Ⅲ

ところで、旧約聖書に記された平和について論じる際には、平和の概念（*concept*）と平和のヴィジョン（*vision*）を区別して考えることが大切である。[3] 平和の概念は、現時点における平和に関連しており、実利的な（pragmatic）意味をもつものである。これは、平和とはどのような性質のものか、平和はどのように達成されていくのかについての解釈とかかわり、現実的な社会状況と関係している。一方、平和のヴィジョンは、平和の終末論的特徴をその意味内容としており、それははるか将来に実現される平和に関連した事柄である。平和のヴィジョンは、神が人間の歴史に参与され働かれる最終到達点（goal）、または神の選びの民の救済と関係している。またこの平和のヴィジョンは、ある程度までは予測することができる。ただし、完全に予見することはできない。なぜなら、平和のヴィジョンは、神の奥義やその超越的な特質に関係しているからである。従って、平和のヴィジョンは、平和の概念と異なり、その本質からして実際的（practical）または実利的（pragmatical）なものでもない。平和のヴィジョンは、現実に手近に存在するすべての経験的証拠と関係するのではなく、そこには、ヴィジョンとして、やがて素晴らしい将来が与えられることが宣言される。平和のヴィジョンはこのように、大いなる神学的意味合いをもっているが、この現実の世界のなかで、戦争や様々な形の葛藤に取り囲まれて生きている人間にとっては、いささか現実離れしたものであることは否めないだろう。

このように、預言者たちが公にしたのは、何よりもまずこの平和のヴィジョンであった。また、将来についてのメッセージを伝えるために、彼らは様々な言葉や象徴（image）を用いた。平和のヴィジョンは、全く非現実的な事柄に過ぎないというものではなかった。たとえばイザヤは、剣が打ち返されて鋤となる時代が来ると預言をした後で、「ヤコブの家よ、主の光の中を歩もう」（イザヤ書二章五節）と勧めている。しかし、預言者たちは元来、今、現実の平和を生み出すための機関を設立しようとし、そのための実際的な計画を述べるのではなく、むしろ現実的に望みをもてない時代においても将来に希望をもつようにと語った。G・H・ギルバート（G. H. Gilbert）が述べているように、「平和に満ち溢れた黄金時代は、商業的なまた経済的な諸原理によってもたらされると考えられていたのではない。それはまた、文明の発展に附随して達成されると考えられていたのでもなく、そうあってほしいと望まれたこともなかった。やがて到来する平和の時代は、ヤハウェが、選ばれた民に与え、次に、その民を通してこの世のすべての人々にもたらされるヤハウェの贈り物と考えられていた」[4]のである。

換言するなら、旧約聖書の預言者たちが抱いたヴィジョン（*vision*）と国際連盟規約や国際連合憲章にとって不可欠な要素としての平和の概念（*concept*）との間には、いかなる類似性もない。まさにこの理由によって、預言者たちの述べた終末論的ヴィジョンが、当時、多くの人々に何の価値もないものに思えたのも当然のことであったろう。

とはいえ、キリスト者は、旧約聖書の預言者たちが教える終末論的ヴィジョンを、イエス・キリストが教えまた始められた神の国の光に照らして理解するように努めなければならない。神の国は、過去においても現在においても、その時の今現在の現実と将来にやがてもたらされる現実の姿の両者に特徴づけられているのである。神の国は、（主イエスの時代においても、また今日においても）その現時点（*present*）において、人類を欠けなきもの、また完全なものへと回復される神の御業によって決定されていく。しかし、神の国の将来に到来する姿は、終末論的であり、神の御業が完成を迎えるその時に示されるものなのである。そして、神の国にとって不可欠な要素としての現在と将来の間のこの緊張関係のなかで、平和の概念と平和のヴィジョンは相互に密接に結びあうものとなっていくのである。神の国の現時点における働きは、人類を、平和の基本的な要素である欠けなきものまたは完全なるものへと回復させることである。しかし、この神の国の現時点における働きは、終末論的なヴィジョンとの関係において進められ、また、神の国は、いつの日か完成を迎えるものであり、その完成の時にこそ、真の平和、つまり神の平和は達成され、全地が平和裡に支配されることになるという確信のもとに進められていく。換言するなら、神の国の今日的な働きは、将来にもたらされる希望の光に照らされて推し進められており、従ってその希望こそが、神の国の今現在の平和への働きに勇気を与えるものなのである。このような点において、キリスト者は、平和に関し、今日の社会にも通用し、将来を視野において推し進めていくことのできる平和の概念を構想し堅持しなければならない。キリスト者はそれと同時に、平和の概念を実現するために、広い視野と高い理想に結びつく平和のヴィジョンをもたねばならないのである。

Ⅳ

本章は、「彼らは剣を打ち直して鋤とし／槍を打ちなおして鎌とする。……」、というイザヤ書二章四節を引用して始めた。わたしたちは、この御言葉を、平和に関する預言者のヴィジョンを正しく表すものと理解した。しかし、キリスト者に必要な平和のヴィジョンをもつこととともに、平和の概念を堅持しなければならないことを理解した。すなわち、わたしたちには、待ち望まなければならない何ものかがあるように、今、平和のために構想実践しなければならない何らかの実利的行為がまた存在している。わたしたちは平和のヴィジョンをもたないで、平和の概念を実現することはできない。それと同時に、平和の概念を現実の社会に実現させようとする努力もしないで、どうして平和のヴィジョンを真に保持することができよう。

とはいえ、平和の概念の原理は、預言者的な平和のヴィジョンのなかにも含まれている。すなわち、戦争のための道具は、平和のための道具に打ち変えられねばならない。もちろん（「彼らは〔彼らの〕剣を打ち直して鋤とし……」、とあるように）、武器を平和のための道具へと移し変えることが、武器を所有している人々によって即座に達成されねばならない。この点で、わたしたちは、現代のユダヤ人の兄弟たちから何かを学ぶことができるのではないだろうか。

『ユダヤカタログ』[5]は、気楽な読み物である。しかも、きわめて有益な本で、例の『全地球カタログ』といくつかの点で類似したものである。そのなかの「救い主を連れて来る方法」と題された章で、編集者は、イザヤ書二章四節をもとに、どのようにすれば平和な社会を作ることができるかについて、次のように示唆に富んだ内容を記している。

すなわち、そこで〔(礼拝するために必要最小限度の)少なくとも十人ぐらいの「集団」である〕ミニヤン(minyan)を作り、ウェスト・ポイント〔アメリカの陸軍士官学校〕まで行こう。その時、十本の剣と一つの小さな加熱炉を持参すること。到着したら、その炉をウェスト・ポイントの正面玄関に据えつけよう。次に、炉に火入れし熱して、剣を溶かし、鋤のような道具に打ち変えること。その道具を用い、十本の木を植えるために穴を掘り、その木を道路にそって植える。それから、「武器を捨てよ(Lo yisah goy)」と「戦争はもういやだ(Ain't Gonna Study War No More)」を交互に歌うこと。陸軍士官学校生が、外で何が起こっているのかと見に出てきたら、彼らに、穴掘り道具に打ち変えられた剣を差し出すこと。

この示唆に富む内容は、軽妙ではあるが、きわめて真剣な、一種のたとえ話である。というのは、平和の概念を実現するために、わたしたちに何かできることがあるとすれば、わたしたちは小さなことから始めるに違いない。わたしたちはとにかく戦争のための武器を、平和をもたらすための道具に変える手段を探さねばならない。キリスト者として、わたしたちは確かにユートピア的なヴィジョンをもっている。しかし、わたしたちの平和の概念は、単にユートピアを実現するためのものであってはならない。わたしたちはすべてお互いに愛し合わなければならないし、愛し合う時にのみ平和が来るであろう」などと、いかにそれが真実であっても、世界全体に向かって語りかけるだけでは何の役に立つだろう。しかし、わたしたちは確かに現実の社会のなかに生きているのであり、また、キリスト教の福音を述べ伝えることも平和の実現に貢献する、と確かに公言している。とはいえ、わたしたちは、力の及ぶ限り、現実の社会を脅かしている武器を探し出し、それらを平和の実現のための道具に移し替える努力を惜しんではならないのである。

注

1　国際連盟規約及び（この後に取り上げる）国際連合憲章の起源と、それらの特徴に関する十分な説明は、イニス・L・クロード・ジュニア（Inis L. Claude, Jr.）『剣を鋤に――国際組織の問題と発展――』

(*Swords into Ploughshares: The Problems and Progress of International Organization,* 3rd ed., New York: Random House, 1964.)、参照。

2　この章では、旧約聖書に記された平和の特別な側面について焦点をあてている。(旧約聖書及び新約聖書における)平和についてのよき手引きとしては、G・キッテル(G. Kittel)とG・フリードリッヒ(G. Friedrich)が編集した『新約聖書神学辞典』に寄稿されたW・フェルスター(W. Foerster)とG・フォン・ラート(G. von Rad)の「平和」(*eirēnē*, in Vol. 2 of the *Theological Dictionary of the New Testament,* G. Kittel and G. Friedrich, eds., Grand Rapids: Eerdmans Publishing Co., 1964.)の項、参照。旧約聖書学の分野から専門的に平和(*shālôm*)の問題について研究したものとしては、G・リートケ編(G. Liedke, ed.)の『平和学研究　第九――平和/聖書/教会――』(*Studien zur Friedensforschung 9: Frieden–Bibel–Kirche*, Ernst Klett Verlag, Stuttgart / Kösel Verlag, München; 1972, pp. 174–186.)、参照。この他の一般的研究については、H・H・シュミット(H. H. Schmid)の『幻想なき平和――平和の神学の基本的問題としての〝シャローム〟概念の意味内容――』(*Frieden ohne Illusionen: Die Bedeutung des Begriffs "schalom" als Grundlage für eine Theologie des Friedens,* Zürich: Theologisher Verlag, 1971.)、参照。

3　平和の概念と平和のヴィジョンの区別に関しては、ジョン・マクウォーリ(John Macquarrie)の有益な研究『平和の概念』(*The Concept of Peace,* New York: Harper and Row, 1973, pp. 11–13.)、参照。

4　G・H・ギルバート(G. H. Gilbert)『聖書の平和と普遍的平和』(*The Bible and Universal Peace,* New York: Funk and Wagnalls, 1914, p. 81.)、参照。

5　『ユダヤカタログ――素人向けセット――』(*The Jewish Catalog: a do–it–yourself kit*)。この著作は、リ

チャード・シーゲル（Richard Siegel）、マイケル・シュトラスフェルト（Michael Strassfeld）、及びシャロン・シュトラスフェルト（Sharon Strassfeld）によってまとめられ編集された（Philadelphia: Jewish Publication Society of America. 出版年不詳、〔1973〕）。引用は、p. 250. から。

第九章　結　論

天の下の出来事にはすべて定められた時がある。……
愛する時、憎む時
戦いの時、平和の時。

（コヘレトの言葉三章一、八節）

Ⅰ

わたしたちは、第八章までにおいて、旧約聖書のなかになぜ戦争の事例が数多く出てくるのかという複雑な問題に関連し、様々な角度から検討してきた。そこで、最後の第九章では、これまで取り上げてきた論点を総合的に検証し、それらに一貫して確認できるものを見究めることができたらと考えている。しかし、それは、わたしたちが期待する程、本書全体についての要約とはならないかもしれない。なぜなら、旧約聖書における戦争という問題のあらゆる次元に、すでに解答が与えられているわけではないからである。しかし、様々な論点を包括できるようにと願うなら、少なくとも旧約聖書における戦争という問題に、その全体に通じる見方が与えられるようにと十分期待することもできよう。また、全体にわたる共通した見方を通して、一方では、旧約聖書の戦争に関する記事を読み、理解するにあたり、一つの枠組みを提供することができるであろう。また、戦争という問題についてさらに研究する必要があること、その問題に対する実践的取り組みが必要であることが明らかとなるであろう。

ところで、これまで各章で検討してきたいくつかの問題点をともに見直すためには、どうしても新約聖書が提供する視点を避けて通ることはできない。そこで、本書のこの締め括りの部分において、この全体的な検討という課題に取り組むにあたり、まず、新約聖書との関連において明確になっている事柄について指摘しておきたい。ただし、次の点については、常に注意を怠らないでいただきたい。それは、この小さな研究は、おもに旧約聖書に焦点をあてているということである。新約聖書は、旧約聖書とは別のものであり、新約聖書そのものについては、当然詳細な研究が別に行われる必要があるからである。[1]

本章の構成上、以下に記す冒頭の部分では、本書第一章で取り扱った内容について再考する。

つまり、第一に、旧約聖書における戦争という問題が提起する内的かつ外的な論点について検討するつもりである。その後で、このような主題を研究する契機を与えてくれたいくつかの理由について、改めて述べてみたいと考えている。

Ⅱ

本書の第一章では、旧約聖書を愛読する感受性に富む読者たちが、旧約聖書が好戦的な記事を何とも多く含んでいることに気づいて、様々の内的な問題に悩むに至った次第について述べた。その内的な問題には三つの次元があり、わたしたちは、神の問題、啓示の問題、また倫理の問題として詳細に取り扱った。わたしたちは、これらの問題について、第八章までに明らかにしてきたことを通し、ここでもう一度検討し直してみたいと思う。

一、神の問題

神の問題は、神につけられた名前や称号に関連し、正確に位置づけることができたと思う。すなわち、神は「戦士」であり、「万軍の主」であった。このような呼び方や称号を通して喚起される神の姿は、好戦的であり、近東の様々な宗教神殿のなかに見いだされる戦いの神々と何ら異なるところがなかった。従って、旧約聖書における神のイメージには、どうしても首をかしげたくなるところがある。なぜなら、それは、何といっても、旧約聖書の他の個所や新約聖書のなかに見いだされる愛なる神の概念とは、あらゆる点でかけ離れていると思われるからである。

この点について強調されるべき最初の問題点は、わたしたちが神について言及する時に用いる人間の言語の特性に関する問題である。これは言語に制約があるということに関係している。つまり、より明確にいえば、言語は、人間の経験や人間の理解能力に限界づけられているからである。一方、神は超越者である。神は、その充全性の故に、人間の言語や人間の理解能力をはるかに超えた存在である。従って、神がただ超越者として存在されるなら、人間はその超越的な方（*him*）[2]について語ることなど不可能である。また、同じ理由により、（神と人間の関係である）宗教は、現実的な目的に対し全く役に立たないものとなる。しかし、神は、この世へ内在される方でもある。人は、そのことによって、内在者である神について知ることができるのである。もちろん、わたしたちが用いる言語に関していえば、神について知り得たことを明確に述べようとしても、そこには限界がある。人間の言語は、神についての真実を示すことができる場合もあろうが、限界ある言語によっては、決してすべてをいい尽くすことはできない。また、わたしたちは、「戦士としての神」や「万軍の主」という表現を、確かに神の啓示の一部として理解することができる。その場合には、人間の言語は、真に神について叙述し得る言語と見なすこともできよう。しかし忘れてはならないのは、言語には、本来限界があることが認識され、念頭におかれる必要がある。現代の社会においては、わたしたちは、あまりにも安易に十戒の第二戒〔あなたは自分のために、刻んだ像を造ってはならない〕に記されていることを忘れてしまっている。第二戒は、神の像を造ることを禁じている。わたしたちのほとんどは、木や石の像を造る誘惑にかられたりはしないが、わたしたちは言葉そのものによってすぐに何らかのイメージを作り、それに囚われてしまうのである。神の像という言葉が神を小さく縮めてしまうのと同じように、言葉は、きわめて簡単に神の概念を歪曲させてしまうことがある。そのために、わたしたちが戦士としての神についての記事を読む場合にも、神についての表現には限界があり、またそれが神についての完全な意味を表象していないことを知るべきである。しかしながら、同時に、わたしたちは、神についての真理がそこに指し示されていることも知らねばならない。それでは、完全な真理とは、どのようなものであろうか。その真理には、いくつかの次元があると思われる。そして、そのほとんどは、神が人間の歴史にかかわられる、そのかかわり方に関連していると思われる。

さて、この戦士としての神という言語が指し示している神についての真理の第一は、神が人間の歴史に参与しておられるということにある。戦士としての神という表現は、神の真理を指し示す唯一のものではないが、きわめて重要なものであることはいうまでもない。「戦士」や「軍」という言葉は、人間そのものの姿や、人間の歴史の現実を指し示す言葉である。つまり、この種の言葉が神に対し用いられる場合には、神が人間の生活やその歴史にかかわりをもっておられることが示されているのである。従って、それらの表現は、神が様々な形で、神としてこの世に内在されている姿を証言する一つの言葉なのである。神が戦士であるとは、神が戦争という人間の諸制度に積極的に参与されることを物語っている。しかも、戦争は、記録されてきた歴史を通じて明らかなように、大規模な社会から小さな社会に至るまで、様々な人間社会が織りなす諸関係のなかで、一貫して全体を特徴づけているものなのである。

ところで、神が、人間が行う戦争に参与されるというまさにその本質に目を留めるなら、戦士としての神という言語が示している神に関する真理について、また別の次元が浮かび上がってくる。一般的にいえば、神は、人間が行う戦いに、審判と贖いという二つの目的をもって参与される。この神の審判という業は、ヘブライ人がパレスチナに侵入する時に明確に示された。すなわち、神は、カナン人たちの邪悪さに審判を下されたのである。神の審判は、さらに、南王国ユダの敗北やエルサレム陥落の時にも明確に行われた。神は、ご自身が選ばれた民の犯した背信を一つとしても見逃さずに裁かれた。しかし、審判という行為は、また贖いという目標と深く結びついたものであった。贖罪の御業は、場合によっては、時間的に近い将来に行われることもあった。しかし、神が約束された人類の贖いは、概して、遠い将来になされると述べられた。神の人間の歴史への介入、特に歴史に登場する戦いへの介入は、きわめて重要な神の摂理に関する真理を指し示している。

歴史が、ある意味において、人間が自由に行ったことを反映したものといえるなら、逆説的に、歴史はまた神の摂理を反映したものであるということも真実である。旧約聖書は、事実、わたしたちに、逆説の次元もまた真実であることを提示している。戦争は、人間が行う制度であり、本来は悪とされるべきものである。悲しいことに、戦争は、人間の国家と国家、また社会と社会の間の関係においては、特別なものでもなく、普通一般の出来事の一つとなっている。ところが、存在しているすべてのものの主である神は、また歴史の主であられる。つまり神は、ご自身の目的を達成されるために、邪悪な人間の諸制度に、またそれを通して参与し続けられる。しかも、神の戦いへの参与によって示唆されることは、神ご自身が道徳的な存在であるということではなく、神の意志と活動そのものなのである。神は、人間を究極的に贖うために、人間を媒介者として用い、働かれる。神はあるがままの世界のなかで働かれるのである。なぜなら、神が働かれる時、その前提が、罪なき人間、罪なき社会であるなら、神は何も人間やその諸制度を媒介者として用いられる必要などなかったと思われるからである。

さて、聖書が記された時代に、神が人間の歴史に介入されるにあたり、何処よりも特別な形を取って介入されたのは、イスラエルを選んで神の国とされることにあった。神はイスラエルの民を選ばれ、彼らに国を形成するよう召し出された。そのために神は、彼らに力を与えられた。しかし、彼らに超人間的な能力を授けられるということではなかった。イスラエルには確かに、異常といえる程の大きな責任が課せられたが、その責任は、人間の王国のまっただなかに神の国を建設することにあった。その神の国の建設が失敗したのは、単に古代イスラエルのみが叱責されるべきではなく、それは人類全体が責めを負うべき事柄であった。しかし、イスラエルの王国を成り立たせるにあたり、人間が失敗したまさにその時点で、神は新しい契約を結ばれて来たるべき神の国の到来をご自身の意志として約束された（この主題については、次の「二、啓示の問題」を扱う個所で、詳細に取り扱うつもりである）。

以上で、神の問題に関連した事柄は、ある程度解決をみたことになろう。神を戦いと一体化する言語が用いられているが、それは第一義的な問題ではなかったのである。その語は、むしろ神の意志と神の働きの本質を、わたしたちに明確に示す役割を担うものであった。しかもそれ以上に、神と戦いを一体化することのうちには、現代に生きる人間に希望をもたらす種子が宿されていたのである。すなわち、その希望とは、今日のわたしたちを取り巻く邪悪な世界、つまり神を知り、神を経験する可能性を当然のごとく排除してしまうような世界のなかにおいてさえ、いつか神が現臨され、神が参与してくださることを望みみることができるという希望である。

二、啓示の問題

啓示に関する問題は、その一部についてすでに本章の「一、神の問題」においても検討した。神は、戦争を通してさえ、ご自身をその選びの民に啓示しようとされた。しかし、他にも究明しなければならない問題がある。古代史の多くに、戦争の記事が散りばめられているのは当然であるとしても、戦いに関連した物語が正典としての旧約聖書のなかに数多く取り入れられているのは、一体何を意味するのであろう。換言するなら、この啓示をめぐる問題は、啓示の書としての旧約聖書と関係づけられるべきである。とにかく、この啓示の書には、好戦的な材料が極端といえる程まで満ち溢れているのである。

さて、この問題を取り扱うに際し、まず注意しておくべきことがある。それは、一つのテーマに関連して旧約聖書のメッセージを理解しようとする時、旧約聖書が全体を通して読まれ、かつ理解されねばならないということである。このようなアプローチの仕方は、戦争のようなテーマを取り扱う場合には、とりわけ重要である。このような注意が欠かせないのは、たとえば、「征服の物語」といわれる旧約聖書の一部の記事を読む場合、またこのような物語を、その終わりに近い部分を読もうともしないで理解しようとする場合などに内在する危険性を避けるために他ならない。このような研究上の手続きは、ある程度まで、すでに第二章「旧約聖書の遺産としての戦争」で端的に取り扱ったように、歴史的な出来事を理解しようとする際に暗黙のうちに取り入れられていたことである。キリスト教が「十字軍」をどのように教義づけるにしても、それが征服を目的とした「主の戦い（Wars of the Lord）」〔第四章Ⅱ節、参照〕という意味で論じられる限り、そのような主張は正当なものとすることはできない。それは、旧約聖書全体のメッセージの理解に失敗していることを示しているからである。

ところで、旧約聖書が戦争を取り扱うのは、一つのたとえ話を示そうとしているものと考えられないだろうか。ただし、そのメッセージの内容は、たとえ話全体を読まないなら、決して理解できないであろう。善いサマリア人のたとえ（ルカによる福音書一〇章三〇―三七節）に関していえば、仮に祭司やレビ人が通り過ぎた後の個所を読みもしないで、そのたとえ話をどうして正しく理解することができるだろう。このたとえ話では、サマリア人が、その場に差し掛かることこそが、最も重要なことなのである。それと同じように、旧約聖書の戦争の問題に関しても、征服のための戦いや防衛のための戦いの個所だけを読んだとしても、決して戦争の問題を理解することはできない。というのは、戦争を通して神が教えようとされたメッセージの重要な意味は、戦いにおける敗北のなかから出てくるからである。それでは、旧約聖書の戦いに関する記事を（歴史的事実に根ざした）たとえ話の一つとして読むなら、そこから一体どのような教訓が得られるのであろう。筆者は、たとえ話と考えられる戦争の記事から汲み取られる二つの重要なメッセージを、以下に示しておこうと思う。

その第一は、旧約聖書に見いだされる戦いの記事は、人間の性質とその人間と国家についてのたとえ話であると考えられる。わたしたちは、それらの記事から、人間とはまた国家とはどのようなものであるかを理解することができる。なぜなら、たとえ話は、わたしたちにとって、自分自身や人間の諸制度を如実に映し出して見せてくれる鏡だからである。戦いのたとえ話のなかに示されている人間や国家は、最も高度な可能性をもつ秩序である。人間は、そのようなものとして、神から高次の召命を受けており、また国家は神から賦与された制度をもっている。しかし、戦いのたとえ話は、初めは堂々たるものであった国家が、戦いを繰り返すうちに、恥ずべき敗北から立ち上がることすらできないものに堕落するという、国家の衰退の過程をわたしたちに指し示している。また、このたとえ話は、ところどころで、物語の本来の目的とは違った、それに逆行する歴史を描いてみせているように思えるところがある。しかし、聖書の本来の目標は、人類全体の本質や人間の国家の本性をえぐり出して露わにすることにある。人間の罪は、つまるところ、人間の国家さえ罪あるものに変えてしまうのである。人間が本質的にもっている暴力は、結局、国家と国家の間の暴力を惹起する。また、エリュールが暴力の法則について述べる過程で指摘しているように、「暴力は暴力――それ以外の何物でもない――を生む」のである。[3] 国家を成立させる時にともなう暴力は、平和をもたらすものではなかった。国家は、国家の防衛のために暴力の使用を必然化した。しかも、国家を防衛するために用いられた暴力が、恒久平和をもたらしたことはなかった。防衛のための暴力は、結果的に、強国の暴力を惹起するのみであり、イスラエルは敗北することになった。これらすべての点は、ありとあらゆる国家に共通している必然的な性質であることを明示しており、それはまた、国家とは、暴力を不可欠な要素として内包し、その暴力は、通常、戦争という形を取らざるをえなかったことを示している。

この他にも、検討されるべき問題があろう。なぜなら、旧約聖書は戦争の現実的な状況を如実に描いてみせているのである。国家に本質的に内在している暴力は結果的に戦争を引き起こす可能性をもっているが、その戦争はまた、どこまでも非情なものであり殺人をともなう。わたしたちが旧約聖書のなかに戦争に関する情け容赦のない諸勧告を読んで、敬虔な思いから発する心のなかの動揺を告白するだけなら、わたしたちは自らを欺いていることになる。戦争とは目標を達成するために行われるものであり、まさに徹底的に暴力を活用する行為である。わたしたちは、戦争の本質やその内実のおぞましさを知るためだけなら、何も旧約聖書を開く必要はない。しかし、そうしたおぞましい事柄が旧約聖書に記されているというのは、そのようなことは知りたくもないと思えることが、他ならぬわたしたち人間の本性として、わたしたちのうちに今なお温存されている事実を見つめさせるためであろう。とはいえ、現代の小説家、歴史家、また映画製作者たちはそろって、何としばしば戦争を賛美することであろう。このことは、彼らが、旧約聖書の記者たちのもつ誠実さを欠いている一つの証拠でもある。

このように、わたしたちが、今提起したたとえ話としての戦いについての学びから汲み取った第一の事柄は、古代の社会ばかりでなく現代にも通じる、国家と国家の間に横たわる現実の悪なる本性に関する問題であった。人間の本性は、国家の本性と同様、暴力によって特徴づけられており、そのような暴力が、一つの形を取って表現されたものが戦争に他ならないのである。しかし、まだこのたとえ話を理解することによって学ぶことが他にもあるのである。

第二の旧約聖書に記されている戦いのたとえ話から汲み取ることのできるメッセージは、神の国という主題に関連している。神が全人類を贖われるという目的は、神の国を通して実現されることになっていた。それは、神こそが王でもあったからである。神の国が歴史に初めて登場したのは、古代イスラエルの国家においてであった。しかし、ある意味において、イスラエルの王国は失敗に終わった。なぜなら、わたしたちは、イスラエルの王国を通して、政治的諸制度というものが本質においてどのようなものであるかを理解することができるからである。しかも、この王国は、人類の贖いという点に関しても完成をみたとはいえなかった。イスラエルの王国の失敗は、その本質からして当然のことであった。なぜなら、一つには、(現代の多様な政治哲学が主張することとは相容れないかもしれないが)、国家という人間の制度によって、人間が贖われることなど決してあり得ないことを、イスラエルの王国の失敗は明白に物語っているからである。また一つは、イスラエルの王国の失敗は、神が人間の歴史に、より直接的に介入される必要があることを明確に示しているのである。

以上に提示した理由から、イスラエルの王国は、主イエスとその教えのもとで始められた神の国の建設に対し、ある意味でその道を準備したものといえよう。この点においてわたしたちは、キリスト教の受肉という教義の一つの次元を理解し始めることになる。すなわち、旧約聖書の時代においても、神は人間の歴史に参与されたが、その時には、神は戦士なる神として人々に知られていた。そのような方として、神は、神の国の最初の実現を可能とするために働かれた。しかし、新約聖書の時代になると、神は、旧約聖書の時代より、より直接的な形で人間の歴史に参与しようとされた。すなわち、神は、イエスを遣わされることによって人となられた。今や神は、奥義としかいえないが、人間の歴史という舞台の前面に直接その姿を現された。しかも神がそうされた目的は、それまでとは異なる新しい形を取って、すなわち、新しい契約を結ぶことによって、神の国を建設するためであった。

しかし、主イエスのご人格による神の国の樹立は、わたしたちに、暴力についての解釈の新しい見直しが必要であることを示している。すなわち、ここには、暴力についての解釈に大きな変革が起こっているのである。なぜなら、古い王国は暴力を行使して確立されたが、今度の新しい神の国は、暴力を受けることにおいて造り上げられたのである。戦士であった神は、今や十字架刑に処せられる神となられた。神は自ら、圧倒的な人間の暴力を正面から受けて立たれる立場となられた。もちろん、そこには一つの意味がある。イエスが暴力の受け手となられるということ、すなわちイエスの十字架上の苦しみと死は、征服の業でもある。すなわち、それは悪を征服すること、君主が支配する諸国やその軍事力を打ち破ることであった。ここにこそ、イエスが成就された新しい王国の原理がある。神の国の力は、暴力を行使することのためにあるのではない。それは、暴力への服従という、謙遜な行為のうちに秘められている。いうまでもなく、キリスト教史のなかに見られる数多くの悲劇は、このような原理のまさに根本的転換に照らしてみる時に明らかになる。そして、その悲劇とは、キリスト者が、戦士としての神が十字架につけられた神となられたことを、繰り返し忘れてしまったことに由来するのである。

これまでの考察で、啓示の問題は、幾分かは解決されたといえるかもしれない。旧約聖書における戦争の記事によって、わたしたちは、ある程度、人間の現実の状況や、人間や社会に暴力が内在していることを知ることができるであろう。この点の説明に関しては、本章の後半でもう一度検討するつもりである。また旧約聖書は、ある程度まで、わたしたちが新約聖書を読む準備をさせるためにあり、それは、イエスにおいて出現する神の国の転換に対する道備えをするものでもある。確かに、このイエスにおける王国の転換の問題も部分的にいくつか未回答のまま残されたままであるが、旧約聖書の戦いの記事は、この問題の解決にとって大いに有益である。すなわち、それらの戦いの記事は、現実のありのままの姿を示しているからである。少なくとも、それらの記事は、人間のおかれている現実的状況について、誤った見方やロマンティックな幻想を振りまいてはいない。旧約聖書のそれらの戦いの記事は、わたしたちに、自分たちがおかれている現実の社会の状況を直視することを迫っているのである。

三、倫理の問題

戦争は、過去においても問題とされてきたし、まさに現代の問題でもあり、そのために、旧約聖書に戦争の記事が記されたことは、倫理の問題の解明の難しさの原因となった。それはさておき、旧約聖書はそれが倫理の構築に用いられるとするなら、一体どのような形で影響するのであろうか。倫理を打ち立てる作業にあたっては、新約聖書だけが用いられるのであろうか。それとも旧約聖書も、倫理の構築に益する何ものかを持ち合わせているのであろうか。さらに具体的にいうなら、旧約聖書は、キリスト者が戦争に対する姿勢を確立しようとする時、それに役立つ資料を提供してくれるであろうか、という疑問がここで浮かび上がってくる。

これらの具体的な疑問に答える前に、まずいくつかの一般的原理を確認しておきたい。その一つは、旧約聖書が提供している二つの根本的な倫理的教えとしての戒めが、イエスの教えのなかでも再確認され権威づけられている、という知見に基づくものである。イエスが、第一の最も大切な戒めは人間が全存在をかけて神を愛することであり、第二の戒めは自分自身を愛するように隣人を愛することであるといわれる時、イエスはユダヤ教の真髄を明らかにしようとされたことになる。そして、イエスが語られた二つの大いなる戒めは、律法の書である『トーラー』から引用されたものである。このように、旧約聖書にとっても根本的な原理である愛の原理は、キリスト者として倫理を考える際に、重要な原則として引き継がれなくてはならないのである。

ところで、まず神を愛し隣人を愛するようにという普遍的原理から、個別の律法を検討しようとする時、より複雑な問題が浮上してくる。十戒は、本来、神政国家イスラエルの憲法であり刑法であった。十戒がキリスト教のうちに採り入れられ、その地位を確保するには、「移し替え（translation）」という過程が必要であった。それと同様に、モーセ五書に見いだされる詳細な決疑論的諸律法は、もとはといえば人類の歴史の特定の時代、また限定された地域に存在していた、特定の国家にのみ通用する法令集の主要部分をなすものにすぎなかった。それらの律法はまた、いうまでもなく、「移し替え」の過程をへて、キリスト教に初めて採り入れられた。「移し替え」ということが、このような論点において意味することは、以下の一つの説明によって明らかになるであろう。カナダの北西地域にある小さな村に、「あなたは、隣人のイグロー〔円形をしたイヌイットの雪小屋〕を破壊したり、傷つけたりしてはいけない」、という地域条例があったとしよう。さて、このような条例を、カナダの北西地域から借用し、マイアミのような大都市の法律に採り入れることなど、いかにも愚かなことのように思われる。しかし、そのような法律は、明らかに、北極圏においてもフロリダにおいても等しく通用する原理であり、家屋の保存並びに保護を狙いとしている。換言すれば、カナダ北部の一地域の条例が、フロリダのような南部の大都市に通用する条例に形を変え、容易に移し替えられる場合は十分あり得る。この移し替えの原理は、ある場合には、旧約聖書の倫理的また法的な記事に関して適用される場合もあるだろうし、問題によってはそれができない場合もあることはいうまでもない。

殺意を抱いて殺人を犯すことを禁止するというのは、もとはといえば、古代イスラエルという世界のなかだけに通用することであったかもしれない。しかし、それにもかかわらず、わたしたちはその律法のなかに、一つの原理、つまり人間の生命を尊重するという根本的かつ永遠的な原理が存在することを見抜いてきた。この根本的原理こそ、戦争にも関連するキリスト教倫理を打ち立てるために必要な土台の一つとして、保持されねばならないのである。人間の生命に対する畏敬の念は、いかなる人間の利益や目的のためであれ、殺人を犯すことを禁じているのである。

また一方、旧約聖書の多くの律法が、次に示す一つの重要な理由によって、今日の社会問題に関連した事柄に、容易に移し替えられるものではないことも明らかである。その好例となるのは、(申命記二〇章一〇—一八節に見られる) 戦いに関する律法である。この律法は、イスラエルの国家としての機能と特別な関係をもつ律法である。すなわち、イスラエルは、旧約聖書時代においては、神の国をその時代の人々に証しするものとして建てられていたのである。しかし、イエスの教えにおいて、神の国をどう捉えるかは、旧約聖書時代のそれとは全く質を異にしている。イエスの神の国は、もはや民族国家という形態を取ってはいない。神の国は、領土を分ける境界もなく、その国の範囲は無限の拡がりをもっている。つまり、神の国は、神の主権がキリストにおいて認められるところには、どこにでも存在するからである。神の国の概念 (concept) がこのように転換されたということは、古代イスラエルが従っていた戦いに関する律法を、そのまま新しい今日的な枠組みに適合させるよう移し替えて用いることはできないということを意味している。新しい枠組みにおいても、暴力の原理は、国家と国家の間の関係を特色づけるものとして依然として存在していることを認識する必要がある。とはいえ、イエスの神の国の民は、もはや暴力を必然的な手段と考える必要などない。キリスト者は、暴力の使用を必然性のともなう秩序とする考え方に同意しない。イエスの死は神の死に他ならないが、その死は、暴力を超越する道は暴力の犠牲となられた主イエスの死以外にないことを明らかにしたのである。このことはある意味で、きわめて明瞭なことである。つまり、わたしたちは、暴力に服さなければならないことがあっても、それを用いることがあってはならないのである。このことは、そう単純にできることではないだろう。なぜなら、キリスト者は、神の国の民であるだけに留まらないからである。彼らは、同時にこの世の個々の国家に属する民でもある。つまり、キリスト者といえども、人間によって構成される個々の国家の市民なのである。そして、キリスト者が属している人間的制度としての国家は、必然の秩序としての暴力によって特徴づけられている。従って、人間の国家は、かつて古代イスラエルが、国家として存立していた時に抱えていたものと同じディレンマ、板挟みに陥っているのである。このように、旧約聖書は、すでにみたように、どのようなこの世の国家もこのディレンマから解放されることがないことを明確に教えている。どのような国家といえども、必然性の秩序としての暴力から自由ではないし、戦争に巻き込まれる可能性から解放されることもない。キリスト者にとって、このディレンマは、彼らがもっている二重の国籍または市民権をどう関係づけるかについて考えようとする時、避けて通ることのできない問題である。わたしたちは、まさにこの点について、さらに考察する必要がある。

III

前節で検討した神、啓示、倫理という内的な難問に対し、二つめの問題は、本質において外的な事柄であるといえよう。すでに述べたように、第一に、旧約聖書のなかに記されている膨大な数の戦いや、神が戦いと密接な関係にあることを示す記事は、キリスト教信仰やそれが拠って立つ聖書を批判するための基本的な材料を提供することがある。さらに、第二に、キリスト教の歴史を通して頻繁に繰り返された戦いとキリスト教の間の結びつきも、キリスト教信仰を批判する根拠とされてきたのである。これらの問題は、わたしたちがここで追究しようとしている個別的研究の視点からは、少々離れているかもしれない。しかし、このようなキリスト教信仰への批判が、わたしたちが追究しようとしている普遍的な視点と関係しているのも事実である。なぜなら、旧約聖書は、明らかに、キリスト者が戦争に従事する場合の理論においても、また実際の戦いにおいてもしばしば深い影響を与えてきたからである。

ここではまず、キリスト教批判の問題に関し、キリスト者が実際に戦争にかかわってきたことを理由になされてきた、後者、上記第二番目の批判について検討していくことにしよう。まず、この問題については告白と懺悔の他にはいかなる答えももっていないことを断っておかなければならない。と同時に、これこそが現実であることも理解しておかねばならない。しかし、キリスト教信仰を批判するために始められたどのような議論にも、キリスト教の歴史に基づく論拠こそが、最も力ある弁証を可能とするのである。驚くほど多くの暴力的な行為がキリスト教信仰の名において行われたということは、明らかに一つの事実である。しかも、旧約聖書が、明らかに、時にはそれら暴力行為の許認可に影響を与えてきたことも認めざるをえない。とはいえ、筆者の考えるところ、このような影響は、旧約聖書のメッセージを読み間違えた結果によるのである。しかしまた、このような状況は、今日もなお依然として続いている。キリスト教を批判する人たちも、確かに、新約聖書は審判の規準を提供しており、人間はその行ったこと（「果実」）によって測られるという教えを知っているように思われる。しかも、キリスト教史上の多くの事実は、キリスト教徒に対する審判が実際に行われたことを示している。さらに、過去に犯されたあらゆる悪事は、真のキリスト教徒以外の人間が引き起こしたものにすぎないと抗弁して、いい逃れをすることなど許されない。審判を下される方は、神以外にないのである。わたしたちの歴史は、わたしたちが作ってきた歴史の遺産そのものである。従って、わたしたちは、この歴史が示す現実を、喜びとともに、またある時には悲しみをもって、良いものだけでなく悪いものまで背負って生きているのである。筆者は、これらの事実は認めざるを得ないと考える。しかも、筆者は、ある意味でわたしたちの歴史が示している伝統に思いを馳せる時、懺悔せざるを得ない場合があることを認める。しかしまた、筆者は、歴史が示している現実を遡るとき、決してそれを作り変えることはできないと思うのである。

より深刻なのは、聖書それ自身を擁護することに関連した問題である。筆者は、ここに至って、新しいことを指摘するつもりは何もない。しかし、わたしたちが、この聖書擁護の問題に取り組み、また（おそらく、すでに本章第九章Ⅱ節で要約した神、啓示、倫理の事柄とおそらく類似した）いくつかの解答を試みる時、わたしたちは初めて、旧約聖書の特質について何事かを説明したり、その弁証のために議論を始めたりすることが可能となろう。それはともかく、本書において展開してきた議論に、何か受け取ることのできる点があるとするなら、わたしたちの果たしてきた役割は、旧約聖書の好戦的な記事をそのまま擁護することではなく、聖書全体に照らしてそれを説明することにあろう。そして、わたしたちは、神を理解しようとする時、旧約聖書がもっている神学的豊かさとその意味の深さについて、またキリスト者の生活にとって旧約聖書がいかに重要なものであるかについて説明する必要があると考える。

しかし、以上の考察は、わたしたちをより根本的な争点に引き戻す。今日のような時代では、キリスト教護教論の領域においては、そこでどのような議論が展開されようと、戦争の問題は、人間を悩まし続ける問題となっている。従って、キリスト教社会に属さない多くの人々にとって、旧約聖書における戦いという問題など、たとえ彼らがそういう問題が存在していることに気づいたとしても、彼らを悩ます程の問題にはならないであろう。しかし、キリスト教のサークルに属する人々を教育するとなると、これは今直ちに取り組まなければならない喫緊の課題である。エルバート・ラッセルの指摘が正しく（第一章、参照）、すなわち、正統的キリスト教徒ほど実際に軍国主義的傾向が強く、軍国主義へと傾く方向に影響されがちであるとするなら、その場合には、キリスト教教育を通して、聖書における戦争の記事の内容と意味を問い返す努力が、緊急かつ優先的になされる必要があるといわねばならない。

Ⅳ

さて、戦争の問題をなぜ研究するかについては、第一章で取り上げたが、そのなかに補足追加された理由が三つあった。それらについては、これまでのところ細部にわたる注意を払って検討してこなかった。その理由とは、一、戦争は人為的な現象であり、戦争は人間の戦争に対する態度によって影響されること。二、旧約聖書は、キリスト教教育の一部としてカリキュラムに組み込まれており、キリスト者の態度形成に影響を与えること。従って、キリスト教教育の領域は、きわめて重要であること。三、わたしたちは、人間が絶大な破壊力をもつに至った時代に生きていること。すなわち、わたしたちが、戦争の問題を理解する努力をせず、社会においてもわたしたち自身がこの戦争の問題を解決するために何らかの役割を果たそうとしないなら、わたしたちはこの時代に責任をもって生きているとはいえないこと。もちろん、これらの三つの理由のうち、今わたしたちの注意を最も強く引きつけるのは、第二の理由である。今やこのテーマをめぐる検討に入ろうとするが、この第二の理由に関しては、上記で取り上げた第一と第三の理由との関連性も明らかにされねばならないであろう。

主要なキリスト教の教派の多くにおいて、キリスト教教育は、もっぱら若者に対して行われており、成人教育にはほとんど注意が払われてこなかった。筆者は、子どもの教育の分野においては専門的な知識を持ち合わせていないので、一般的な事柄に限っていくつかの点について述べてみたい。第一に、キリスト教の世界では、長年若者に対する性教育やその知識面の教育にはきわめて敏感であったが、他の暴力や戦争などに関する教育に、特に注意が払われてきたとは思っていない。確かに、雅歌はタブー視されてきたが、旧約聖書に記されている戦争の記事は子どもたちの注意を引きつけ、子どもの心を捉える冒険の物語でもある。筆者は、優先度において、戦争の問題のほうが重要であるといっているのではない。筆者が指摘したいのは、これまでのカリキュラムは少々バランスを欠いていたのではないかということである。筆者は、社会全体の平和と健全さを保つために、キリスト教教育のカリキュラムにおいて、葛藤や暴力の問題にも力点をおく必要があると指摘したいのである。もちろん、筆者は、幼い子どもたち向けカリキュラムのなかに、戦争の記事を取り入れることにはよほどの慎重さが求められる、ということも付言しておきたい。しかし、この戦争という問題は、避けて通ることのできない問題である。なぜなら、暴力は、本、漫画、テレビ、映画などの様々な媒体を通して、子どもたちの目にさらされており、彼らの生活の一部になっているからである。このような現実を考えても、子どもたちに、旧約聖書のなかにある暴力や戦争に関する視点について、いつかは紹介され教えられねばならないことは明らかである。しかも、それは、もちろん「敗北の意味」や「平和のヴィジョン」という枠組みにおいて紹介されねばならないのである。

しかし、当然のことであるが、このような問題について子どもたちの教育にあたるには、子どもたちを教える資格をもった大人たちによって行われることがふさわしい。確かに、数多くの大人のうちには、子どもたちにキリスト教信仰の基礎を教えるに十分な資格をもっている人が多くおられる。しかし、筆者の狭い経験から述べさせていただくと、筆者は、暴力や戦争の問題に真剣に取り組んできた人々にはほとんど出会ったことがない。筆者は、実際のところ、旧約聖書の戦争の問題にどう取り組めばいいかについて悩んできた多くの方に出会った。しかし、彼らは、その研究や教授活動から、聖書のかなりの部分をいとも簡単に省略していた。彼らは、事実上、聖書から旧約聖書を除いて、理解しやすい部分、つまり新約聖書のみをもとに議論していたのである。このような立場を取り続けることは、問題の核心から人々を遠ざけるだけでなく、聖書が語ろうとしている事柄のなかでもとりわけ重要な部分を捨象してしまう結果を招きやすい。このような理由からして、大人もまた、戦争の問題を真剣に受け止め、それを理解する努力を惜しんではならないと思う。こうして初めて、大人たちは、若者に対して背負っている責任を全うすることができるのである。

以上、キリスト教教育の三つの重要な領域について指摘したが、これらとともに、もう一つ、おそらく最も決定的で重要と思われる側面について述べておこう。それは、大学の神学部及び神学校のカリキュラムに関連した事柄である。筆者にとって気がかりなのは、それらの教育機関で実際に行われていることではなく、実施されていないと思われる事柄である。旧約聖書の授業は、しばしば伝統的なやり方で行われる。つまりそれらは、イスラエル史、ヘブライ語文法、様々な形の本文批評などであり、これらの科目はそれぞれ入念に教えられる。筆者は、これらに対し何も苦情を申したてるつもりはない。というのは、これらの事柄は、旧約聖書研究の基礎である。しかし、実状をいえば、これら旧約聖書の基礎研究を踏まえて、何かが築き上げられたということはほとんどない。旧約聖書によって提示された神学的問題や、キリスト教の説教の際に旧約聖書がもつ重要性については、個人個人がその考え方によって、取り上げても上げなくてもよいとされる。筆者は神学生時代、旧約聖書における「聖戦（holy war）」論について悩み、教授にどのような本を読めばいいのかについて助言してもらおうと思って質問した。教授は、一、二冊の聖書注解やフォン・ラートの著した『古代イスラエルにおける聖戦』を推薦された。筆者は、研究に着手し、言語学的、歴史的、また文化的に多くの問題が山積していることを発見したのである。しかし、それらのどれも、筆者の問題意識、つまり、どうして神は戦いをされたのかという、筆者が抱いていた神学的な懸念に答えてはくれなかった。誰しも、ただ一つの経験から、一般的な結論を引き出すことは許されないであろう。しかし、筆者は、その時以来、神学教育を受ける過程において、筆者と同じ問題に直面した多くの牧師たちに出会った。

旧約聖書の教え方に関していうなら、数多くの神学部や神学校でそれぞれの力点の置き方にいくつかの違いがあるのは有益なことであろう。というのは、キリスト教教育のあらゆる領域において、牧師たちの主導的役割が大切だからである。旧約聖書の学問的研究は、それ自体よいことであり理にかなっている。それは、総合大学、単科大学また神学校など、多くの様々なタイプの教育機関で行われている。しかし、キリスト教の専門職に就こうとしている男女学生のことを考えるならば、その準備教育に直接携わる教授たちは、今日の生活や牧会の職務と関連させて旧約聖書を論じるという責任から逃れることはできない。それは、結局、旧約聖書が提示している戦争の問題、また戦争の問題と関連する様々な問題を、避けて通るべきではないことを意味している。

これまで述べてきたところでは、特別な教育のプログラムについては何もふれなかった。これまでは、旧約聖書における戦争の問題が見過ごされるべきではないという単なる願いを述べたにすぎない。しかし、この願いは、それに消極的に対応しようとまた積極的に対応しようと、重要なものであることに違いない。消極的な対応の仕方に関連して述べると、旧約聖書における戦争の問題を無視することは、キリスト教が導き出した過去の妖怪を再び登場させることになるであろう。心の態度は人の行為を決定するからである。民主主義の社会においては、人々の態度は国家の行為に影響を与える。また、すでに学んできたことから明らかなように、旧約聖書を表面的に、また一部分のみを読み結論を得ようとするなら、結果として戦争に対し肯定的な態度が生み出されることになり、しかも、次には、そのような態度は、戦争という人間的現象を引き起こすことに影響を与える。このように、旧約聖書における戦争という問題を無視することは、ついには恐るべき結果を招かざるを得ないのである。

しかし、旧約聖書が見過ごしにされるべきでないという願いに、積極的にそうであると肯定する人たちもいる。これは、消極的な対応と逆の立場である。この肯定的立場も、また聖書に対する人間の態度と関連している。旧約聖書のメッセージが全体として受け止められるなら、その場合には、戦争のあらゆる次元や結末のすべてがすでに見抜かれていることになる。つまり、暴力は暴力を生み、それ以外の何物をも生み出しはしないということ、真理は戦争における敗北から生起すること、また将来は平和のヴィジョンとの関連のなかにあること、これらのことがすでに修得されていることになろう。そして、このようなことが、戦争に関するわたしたちの態度形成に役立つ概念（concept）として理解されているなら、その時には、民主主義国家の一市民として、わたしたちの行為は、国家にまた国家と戦争の関係に影響を及ぼすものとなる。その影響力は必ずしも大きくないかもしれない。しかしながらその影響こそが、大切なのである。

ところで、この最後の点から、わたしたちの研究において、これまで避けてきた一つの事柄が浮かび上がってくる。つまり、キリスト者がもつ二重の国籍という問題である。戦争を実際的に統帥する主体としての国家に対し、わたしたちはいかなる態度を取ればよいのであろうか。わたしたちが二重にもっている、人間国家における国籍と神の国における国籍の間の関係は、どう調整されるべきなのであろうか。この問題に答えようとすると、わたしたちは新約聖書の領域に入っていかざるを得ない。また、旧約聖書の視点を無視するわけにもいかないのである。以下、新約聖書によって、このような問題に端的に答えてみようと思うが、それにあたっては、旧約聖書の視点をさらに詳細に考察していかねばならないであろう。

〔一〕

V

さて、キリスト教と国家の関係を究明しようとする際に、最も重要な新約聖書の個所は、ローマの信徒への手紙一三章一―七節〔人は皆、上に立つ権威に従うべきです。神に由来しない権威はなく、今ある権威はすべて神によって立てられたものだからです〕である。この聖書本文から明らかになることは、パウロは、国家（文字どおりにいえば、「権威」または「権力」{*exousiai*}）は神が制定されたものであると考えていることである。国家権力は、究極的には、神の権威のもとに遂行される。国家は、本来善なるものとはいえないかもしれないが、国家は善のために機能することもあるかもしれない。このために、キリスト者も国家に属する一市民として、当然国家に従わねばならないし、国家がその市民に、様々な要求を突きつける権利を有することも容認しなければならない。上記に示したローマの信徒への手紙の聖書本文は、戦争の問題に特別に言及したものではない。しかし、その聖句は、本書のように戦争に関連した主題を考える場合には、重要な意味をもつようになると思われる。なぜなら、国家は、場合によっては戦争状態に突入することがあり、国家はその時、国民に、（実際に戦闘に従事することを通して、または税の支払いに応じるよう命じることによって）戦争を支援するように要請するからである。このように、ローマの信徒への手紙一三章は、キリスト者であっても、直接的には徴兵に応じて戦闘に加わり、間接的には税の支払いを続けるという形によって、国家が遂行する戦争にかかわりをもたねばならないことを意味している。

他方、暴力は、イエスの教えにおいては拒絶されており、明らかにそれはわたしたちに、自らの敵をさえ愛することを求めている。また、イエスの十字架の死によって明らかになるのは、イエスに従う者は暴力の犠牲者になることはあっても、暴力を行使する者とはならないということなのである。まさにこの点に、わたしたちのディレンマの原点がある。

わたしたちが例外なくそれぞれ特定の国家の国民であることは、当然、わたしたちがその国家の政策に制約されることを意味する。また一方、わたしたちが神の国の民であるという事実は、わたしたちに神の国の要求を満たすように努めなければならないことを求められているということでもある。しかし、国家の基本原理は暴力である。暴力は、戦争において示されるかもしれない。暴力はまた、警察力のような制度にも内在している。しかし、そのような国家の原理とは違って、神の国の根本原理は、愛であり非暴力である。これこそは、まさにディレンマ〔板挟み〕！　ではなかろうか。一体そのディレンマなど、解消できるのだろうか。

このようなディレンマに何らかの回答が与えられ得るかのように語ることは、答えようのない問いを立てることになるかもしれない。しかし、そのような問いかけによってどのようなところへ導かれるかを確かめるために、しばらく、この問いについて追究することにしよう。このようなディレンマに対し、可能なら、次のようなアプローチはどうであろう。すなわち、ここで問題にしているディレンマの二つの側面のうち、一つの側面は決して変えられないという点からアプローチするのである。わたしたちにとって、一つの側面、神の国の愛と非暴力とは決して放棄できないものである。なぜなら、それを放棄することは、福音を捨てることにつながるからである。それでは、もう一つの側面は変えられるであろうか。国家を、その基本原理としての暴力を廃棄するところまで、根本的に変えていくことが果たしてできるであろうか。この問題に対し、筆者は、それは不可能！　であるとしか答えられない。しかし――この「しかし」はまた、特別に重要な、しかしなのであるが――筆者が国家を変えることは不可能と答えたからといって、国家を変革していく努力をしなくてよいといっているわけではない。国家の変革は、キリスト者にとって、「地の塩」として、自らの責任を国家に対し果たし得る一つの道であるかもしれない。しかしまた、筆者は、国家の基本原理を変革することなど決してできないということを、すでに指摘した。従って、この点こそは、より明確に解明されねばならない点になるであろう。

すでに第六章で論じたように、暴力とそれが招来させる戦争は必然の秩序に属することでもある。このことは、哲学的にのみ議論できることなのかもしれない。しかし、この見解は、わたしたちが本書における研究を通し、旧約聖書について検討した結果与えられた一つの立場である。国家が存続しようとすれば、必然的に暴力とかかわりをもたざるを得ないのであり、その結果、国家は、必然的に戦争の可能性をはらんでいることになる。とはいえ、戦争の必然性は、乗り超えることができるかもしれないし、また、キリスト教の自由の本質は、必然性、特に暴力の必然性を乗り超えるところに見られるかもしれない。この点からすれば、ある国のすべての市民が暴力の必然性を乗り超えることができるなら、その時には、非暴力を旨とする国家の建設も可能となるといえよう。しかし、戦争は、国家と国家の間の葛藤と関連している。従って、この暴力の〔必然性を乗り越えることができるという〕理想的な議論をどこまでも推し進めると、すべての国家の全市民が暴力を超越するか、あるいは非暴力国家が（抵抗することもなく）近隣の暴力的国家の意のままに破壊され、国家としての存立を危うくされるかのどちらかに帰着することになる。これでは、何の変化もなかったことになる。暴力を特徴とする国家が引き続き存続することになるからである。

換言するなら、仮に人が国家を作り変えるということによって、そのディレンマを乗り越えようとするなら、そのディレンマの解消は、一種のユートピア的理想主義的な性格をもつこととなろう。もちろん、そのディレンマを乗り越えようとする目標自体に、不適切なものは何もない。ある意味で、それは福音と調和したものだといえよう。しかし、二千年の世界史はいうまでもなく、旧約聖書に何らかの意味があるとするなら、その目標が、普通の手段のみで達成されるものではないことを認めざるを得ない。キリストの時代に比べて、今日のわたしたちの社会は、どちらかといえば、その目標の達成からはるか遠くにかけ離れてしまっている。

このディレンマに対するもう一つのアプローチとして、戦争に関する神学的な立場を披瀝しておこう。一般的に受け入れられているとおり、現下の情勢では、二つの大局的な立場（その中間に位置する立場も様々ある）が存在している。一方にはキリスト教平和主義があり、他の極にはいわゆる「正義の戦争（Just War）」〔第四章Ⅲ節、参照〕という視点に立つ戦争擁護論者たちの立場がある。数行で、両者の立場を論じることは、いかにも粗末に戯画的に取り扱う危険性をはらんでいる。しかしここでは、戯画的な論述に陥る危険性を覚えながらも、両者の立場についていくつか留意点を述べておこう。平和主義者（pacifist）〔一切の戦争に反対する立場であり、反戦論者、あるいは非戦論者〕の立場は、神の国の原理をあくまでも保持しようとする立場である。しかし、それに反対する者たちは、平和主義の立場は他ならぬ国家に関する観点やキリスト教的現実主義の観点を欠いていると批判する。「正義の戦争」という立場に立脚する者たちは、どこまでも現実の国際政治のもとにある状況をしっかりと受け止めていこうとする。しかし、それに反対する平和主義者たちからすれば、彼ら〔正義の戦争〕の立場では神の国を神の国とならせる本質や原則が一切考慮されていないことになる。もちろん、両者ともに、長所と欠点を抱えている。しかし、どちらか一方の立場を選択しなければならないとするなら、すなわち、わたしたちが神の国か地上の国かという二者択一の選択をしなければならないとするなら、いずれか一方の国の原理にのみ全面的に注意を払うことになり、わたしたちは二重の国籍に属していることから生じる緊張から解き放たれたような状態に陥ってしまわざるを得ない。

しかしながら、ディレンマを解消しようとする以上のような試みは、わたしたちを誤った方向に導く可能性をもっている。わたしたちは、おそらく、このことに関しても、他のことにおいてと同じであるが、パラドックス、逆説の要素を取り扱って悩んでいるとはいえないだろうか。そこで、わたしたちは、二つの立場の間には明らかに一貫性はないが、しかしまたそこに固有な奥義が隠されていることに気づき、一度は、二つの立場を同時に保持するように呼び掛けられていると考えるのはどうであろう。筆者は、人間的な自由と神的な摂理というパラドックスをどう解決したらいいのか（知的には）よくわからない。それでも、筆者は、自らの神学的立場から、それら二つをともに肯定してきた。筆者は、神がどうして一人格でありながら三位格であり、三位格でありながら一人格なのかについて理解しているとはいえない。すなわち、筆者が、三位一体の教義をどれ程（知的に）検討したところで、その教義を理解することはできないであろう。しかし、筆者は、その教義を堅持している。同様に、筆者は自分がどうして神の国の民であり、カナダ国民でもあり得るのか理解していない。とはいえ、筆者は、その両方の国の民であり、また、その両者を自分の国として認めている。このような事実を通して、筆者は、それぞれの国籍が、もう一方の側の国籍との間で、どのように影響しあっているかについて理解し始めている。それ故、筆者がすべての税金の支払いを拒否しようと思わない限り、カナダという国における完全な平和主義者とはなり得ないと考えている。なぜなら、それらの税金が他の多くのものを支えるように、警察や軍隊などの暴力的手段を維持するのにも使用されているからである。しかし、警察力にせよ軍事力にせよ、（それがそのまま善なるものとはいえないが）国家には必要な道具なのである。とはいえ、筆者は、「正義の戦争」の理論についても、また筆者の属する国が引き起こす戦争ならどのような戦争も、それを支持するという声を上げることはできない。なぜなら、暴力は必然の秩序ではあるが、たとえその暴力が意図するところが「善」なるものであっても、それは常に悪を行い、神の国の諸原理と相容れることなどないからである。それは、たとえ暴力によって、人類の抹殺が止められるという場合でも同様である。

ところで、今述べてきたような立場は、いかにも「曖昧な」ものであって、どちらを選択するか不明瞭な立場であると思われるかもしれない。ある意味ではこのような立場は、そう考えられても仕方がないだろう。しかし、筆者は、そのような「曖昧な」立場に立つということは避けられないことであると考える。そのことは、この世のなかに生きてはいるが、しかしこの世のものではないというキリスト者の立場がもつ奥義の一つであると信じる。筆者が、この現実の社会に背を向け、つまり、国家とのかかわりを無視して生きていくことができると考えるなら、筆者は現実逃避家となってしまうであろう。しかし、また筆者が、国家は暴力の使用を正当化し得ると考えるなら、筆者は間違っている。この世のなかに生きることは、国家の一員として国家に属することである。そして、国家に責任を果たすことは、直接間接に、暴力に関係せざるを得ないことを意味している。筆者は、この現実から逃れることはできないのである。つまり、筆者は、自分に課せられた国家に対する責任を果たさなければならないし、また結局それは意識しないうちに罪を犯すことにもなるのである。しかも、神の国の一員としては、この地上の国家の一市民として生きるのであるから、また別の責任を負うことにならざるを得ない。つまり、神の国の民は、この地上の国家の変革をめざすことにも力を尽くさねばならないのである。確かに現実的変革は、依然として平和のヴィジョンと関係した事柄の一つであろう。しかし、国家の現実的変革の業は、二重の国籍をもつわたしたちとしては、どうしても携わらねばならない任務の一つなのである。わたしたちは、二つの国籍を同時にもつ民とされている。わたしたちは、このために、日々の生活の大部分に様々な影響を与える内的緊張を、内に抱いて生きていかねばならない。二重の国籍をもって生きるというこの現実のパラドックスに生きることは、知的なパラドックスに不本意に従うことに比べ、はるかに困難なことである。しかし、筆者は、それがいかに困難であっても、わたしたちは、そのように生きるように神に召されていると信じる。ある意味で、わたしたちは、古きイスラエルの民であると同時に、また新しきイスラエルの民でもある。古きイスラエルとは、この邪悪な世界における政治的な現実である。すなわち、新しきイスラエルとは、終末論的な完成の期待のなかに示される神の国である。

Ⅵ

筆者は、最後に、わたしたちに与えられている希望も条件付きであることを指摘して、この章を閉じようと思う。旧約聖書の預言者たちは、戦いの武器が平和を作り上げる手段に変えられる遠い将来について預言した。彼ら預言者たちは、自分の生きている時代を特徴づけている物的条件や人間的葛藤の実体をはるかに超越しており、はるか彼方に実現される平和を望みていた。しかし、旧約聖書のなかには、このような預言者とは異なる預言者もいた。彼は、預言者の多くが行った信仰の飛躍を受け入れることができなかった。彼の名は、「伝道者」である。より厳密にいえば、名はコヘレトといい、きわめて皮肉に満ちた視点をもっていた。彼のいくつかの言葉は、すでに本章の冒頭に掲げておいた。「戦いの時、平和の時」（コヘレトの言葉三章八節）という言葉は特に注目に値する。おそらくコヘレトは、旧約聖書のあらゆる著者のうち、最も現実的な人物ではなかっただろうか。彼は徹底してこの世を冷ややかな目で観察していた。また、宗教的に偉大な人物が次々と現れ、神の愛や正義についての真理を数多く主張しても、貧しい人は貧困のうちに死んでいき、抑圧された者はその圧政者の手から免れることによって、苦しみから解放される見込みなどないことを見抜いていた。

筆者は、この世の人間によって作られた国家の一員として生きるわたしたちは、コヘレトのいうこの世的現実主義を、どこかで必要としていることを指摘したいと思う。しかし、神の国の一員として、わたしたちには、預言者が説く高邁な希望とヴィジョンが必要である。ともかくも、これらの二つの視点を融合させることによって、ともにこの世において生き、この世のために働き、神の国が必ず成就するという希望にしがみつきつつ生きることができるという、そのような緊張感のある信仰に生き続けることができるのではないであろうか。そのような時には、戦争など決して起こるはずはないであろう。

注

1　この重要な視点は、J・H・ヨウダー（J. H. Yoder）『イエスの政治観』（*The Politics of Jesus*, Grand Rapids: Eerdmans Publishing Co., 1972.）から教えられた。筆者は、ヨウダーの論点のすべてに同意するわけではないが、彼の立場は、この深刻かつ複雑な問題に対し、きわめてすぐれた導入を与えてくれる。

2　表面的な問題の一つにすぎないが、ここでは神についての指示代名詞に「ヒム」（*him*）という形を用いているが、これは神の性別を意識して用いたものではない。むしろ、「ヒム」という表現を用いざるを得ないことに、人間の言語や智恵に限界があることを示しているといえよう。

3　J・エリュール（J. Ellul）『暴力』（*Violence*, New York: Seabury Press, 1969, p. 100.）〔邦訳、唄野隆訳『暴力考——キリスト教からの省察——』（エリュール著作集9）、すぐ書房、一九七六年、一五一頁、参照〕。

さらなる研究のために

旧約聖書における戦争の問題を、これからも詳細に研究しようとされる読者には、故ジョージ・アーネスト・ライト（George Ernest Wright）の『旧約聖書と神学』（*The Old Testament and Theology*, New York: Harper and Row, 1969.）は、きわめて役に立つ先行研究である。この著作は、「主なる神」と「戦士なる神」の二章から構成されており、旧約聖書の戦争という問題に特に焦点をあてている。ライトが述べているすべてのポイントに賛同できない読者もあろう。しかし、著者ライトは、多くの旧約聖書学者のなかでも、神学的視点からこの問題に真剣に取り組んだ稀有の学者の一人であるといえよう。パトリック・D・ミラー・ジュニア（Patrick D. Miller, Jr.）が、公刊した小論もきわめて有益である。それは、「戦士としての神――聖書釈義及び聖書弁証学における問題点――」（"God the Warrior: A Problem in Biblical Interpretation and Apologetics," *Interpretation* 19［1965］, pp. 39-46.）という論文である。

キリスト教界において平和主義の伝統を代表するメノナイト派の学者ヴァルデマー・ヤンツ

エン（Waldemar Janzen）は、上記ライトの記念論文集に、実に素晴らしい論文「戦士、主としての神――G・E・ライトとの対話――」（“God as Warrior and Lord: A Conversation with G. E. Wright,” *Bulletin of the American Schools of Oriental Research* 220［1975］, pp. 73-75.）を寄稿している。ヤンツェンは、ライトが用いた史料と同じものをもとに、ライトの指摘に賛同しながらも、新たな知見を加え、ライトとは異なった視点を提起している。ヤンツェンはまた、本書と同じテーマを取り扱った「旧約聖書における戦争」（“War in the Old Testament,” *Mennonite Quarterly Review* 46［1972］, pp. 155-166.）というきわめて有益な論文を書いている。同じくメノナイト派の学者であるジェイコブ・J・エンズ（Jacob J. Enz）も、『キリスト教徒と戦争――旧約聖書における平和主義の起源――』（*The Christian and Warfare: The Roots of Pacifism in the Old Testament,* Scottdale: Herald Press, 1972.）を出版している。これは非常に霊的であり洞察に満ちた著作であるが、内容はタイトルから連想するものとは少々異なっているように思われる。

旧約聖書の戦争という問題に関し、さらに広い視点から学ぼうとするには、旧約聖書の時代から新約聖書の時代、すなわち、キリスト教の歴史に注目することが大切であろう。新約聖書を問題としたいなら、ジョン・ハワード・ヨウダー（John Howard Yoder）の『イエスの政治』（*The Politics of Jesus,* Grand Rapids: Eerdmans Publishing Co., 1972.）が、平和主義の視点から論じた卓越した著作であるといえる。キリスト教史を全体的にカバーするような著作については、精読に値するものとして、ローランド・H・ベイントン（Roland H. Bainton）の古典的名著『キリスト教徒の戦争と平和に対する態度――歴史的研究と批判的評価――』（*Christian Attitude toward War and Peace: A Historical Survey and Critical Evaluation*, Nashville: Abingdon Press, 1960.）〔邦訳、中村妙子訳『戦争・平和・キリスト者』新教出版社、一九六三年、参照〕がある。ベイントンはこの著作で、古代から今世紀に至るまでのキリスト教徒の戦争及び平和に対する態度の問題を取り扱っている。

他に、二冊、著作を推薦したい。これらは、旧約聖書に特別に焦点をあてたものではない。一冊は、ジャック・エリュール（Jacques Ellul）の『暴力――キリスト教の視点からの考察――』（*Violence: Reflections from a Christian Perspective*, New York: Seabury Press, 1969.）〔邦訳、唄野隆訳『暴力考――キリスト教からの省察――』（エリュール著作集9）、すぐ書房、一九七六年、参照〕である。エリュールの視点のすべてに同意するものではないが、彼はキリスト教的現実主義に立ち、それを出発点とした洞察は読者に感銘を与えるに違いない。二冊目は、J・グレン・グレイ（J. Glenn Gray）の『戦士――戦闘における人間の考察――』（*The Warriors: Reflections on Men in Battle*, New York: Harper Torchbooks edition, 1967.）である。戦争は現実においてどのようなものであるかについて理解もしないで、抽象的に戦争を研究したところで仕方がないであろう。グレイは、近代の戦争の特徴について深く掘り下げ、人間の状況を暴き出している。

今ここに、今後とも研究を進めていきたいと考えておられる読者に提示した書物や論文は、少数の研究書にすぎない。従って、ここに提示した資料は、決して広範囲の理解を助けるために参考になるものではない。しかし、これらの研究や著作は、さらに研究を続けるためにはよき出発点となるとともに、紹介したものの多くは筆者が本書で提示した点とは異なる視点を提供してくれるであろう。この他に、これからも研究や読書に取り組もうとされる方には、脚注に取り上げた多くの著作や論文が役に立つであろう。

補遺——古代近東における戦争と宗教

古代イスラエルの戦いは、近東諸国の文化や歴史を背景として行われた。補遺では、イスラエルの戦いに関連した文化的ないし宗教的世界の周辺について指摘しておきたい。

最初に断っておきたいことは、この補遺は決して弁明を目的とするものではないということである。イスラエルの戦い方は、時に、近隣諸国のそれと比較し、それ程悪質なものでも、情け容赦のないものでもなかったといわれる。[1] このようにいえば、旧約聖書に見いだされる戦争という問題の重大さが減じられるかのように受け止められるかもしれない。また異なった視点からは、イスラエルの戦い方は、本質において、近隣諸国家の戦い方と同じ様相をとっており、結局、「戦士ヤハウェというのは、ナザレのイエスを通して啓示された神、また父なる神の本性とほとんどかわらない、きわめて漠然としたイメージにすぎない」[2]、といわれることもある。筆者は、これらの考え方のいずれにも同意しないし、この補遺において、このような論点について繰り返すつもりはない。また、イスラエルが抱いていた戦いの理論や戦いの現実面に関し、歴史的にその起源を跡づけるつもりもない。そのような研究は、確かに価値のあることかもしれないが、今ここで行うつもりはない。

補遺で述べようとすることは、イスラエルの戦いが繰り広げられた世界について理解を深めることにある。もちろん、戦争は敵の存在を前提としている。イスラエルの敵は、近東諸国の文明をイスラエルとともに形成していた大帝国や小国家群であった。それらの国家は、一体どのようなものであったのだろう。それらの国家は、どのような戦争を行ったのだろう。また、戦争ということを、それらの国々は、宗教的にどのように考えていたのであろう。補遺の目的は、これらの問題に答えることにある。

しかしながら、近東の諸国家の一つひとつについて、それらの問いに答えようとするなら、実際に膨大な作業が必要となろう。従って、補遺においては、わたしたちは、古代メソポタミア（バビロンとアッシリア）における戦争と宗教のかかわりに焦点を絞ることにしたい。メソポタミア、シリア‐パレスチナ、エジプトの間には、いくつかの点で違いが見いだされる。しかし、メソポタミアの状況は、〔近東の諸国家について〕普遍的な、ある程度バランスのとれた視点を提供してくれるといえるであろう。[3] メソポタミアにおける宗教と戦争の関係に関する研究は、特定の年代に限って行われているものではないが、筆者は、特に聖書の描かれた時代（紀元前十三―六世紀）に焦点をあてて考察をすすめていきたい。[4]

ところで、ここで検討しようとしている戦争と宗教の間の関係については、二つの側面から検証できるだろう。第一は、軍事上の交戦状態や戦争に際して行われる宗教的行為について記された歴史文書について検討することによってである。第二は、戦争と宗教の間のイデオロギー的関係もしくは神学的関係についての検討によってである。ただし、これらの検証が可能となるのは、現存史料からそれぞれの関係を具体的に類推することができ、それに考察を加えることができることが前提となる。しかしここで、上記の二側面の検討に入る前に、まずメソポタミアにおいて国家がどのように捉えられているかについて、一言前置きすることが必要であろう。戦争の機能と宗教との関係を正しく理解するには、社会的背景に照らしてこそ可能となるからである。

メソポタミアの政治構造をみると、紀元前三〇〇〇年頃は多くの都市国家から成り立っていたが、紀元前二〇〇〇年頃までには、政治的な統一体を形成した独特な民族国家が設立されるようになっていた。しかしながら、宗教的視点からみれば、それらの民族国家は当時の主要な政治構造であるとはいえず、むしろ、メソポタミアにおいては、それらの国家は、究極的な主権をもつ統一体としての主権国家に附随するものであった。[5] 政治的構造からみれば、メソポタミアには、まず神々が支配する主権国家、すなわち主権的もしくは宇宙的な広がりをもつ主権国家が存在していた。その神々の最高神は、諸民族国家の神でもあった。宇宙的な国家が形成された後に、そのなかに王によって支配された民族国家が生まれた。民族国家の王は、神々のうちの最高権威者と仰がれる神から権威を委任され、王は神の権威に基づいて政治を適切に司る責任を負わされていた。民族国家の機能は、初期の都市国家同様に神々を礼拝し、神々に利益をもたらすことにあった。しかし、より正確にいえば、民族国家における王の機能は、国家の秩序を維持するのみでなく、外敵からの脅威を退け自国を存続させることにあった。この外敵に対し戦うことは、初めは防衛的次元における戦いであり、それは、まさに、王に委ねられた宗教的機能として、その権能の範囲内で行われた。

このような場合の特別な軍事的交戦の様相について記録している歴史的文献をみると、戦争が宗教的次元で行われていたこと、また王が戦争を進めるにあたり中心的役割を果たしていたことは明らかである。ここで、戦争の原理をより詳細に理解するためには、戦争との関連において実施された特別な宗教的行為について究明する必要がある。以下に示す考察は、主としてアッシリアの歴史的文献に基づくものであり、それはイスラエルが国家として成立してからその王国が崩壊する時期と時代的に同じ時期に記されたものである。[6] 従って、その概要は、アッシリアの同時代的な歴史を考察しており、イスラエルの王国の時代的な変遷の過程を写し出している。しかも、また同時に、イスラエルの一般的慣行は、メソポタミアの初期の時代に行われていた慣行と類似したものとなっている。もちろん、イスラエルの慣行がメソポタミアのそれと明らかに異なっているといえる場合には、考察の過程でその違いを指摘するつもりである。

戦いの仕方に関連して見いだされる宗教的特徴は、都合よいことに、三つの型にまとめることができるであろう。第一は、出陣に先立って行われるいくつかの手続きがあること。第二は、戦いそれ自体に宗教的特色があること。第三は、戦いから帰還した時には宗教的儀式が執行されることである。

出陣の前には、何種類もの宗教的行為が行われた。その基本的目的は、出陣に先立って戦いの結末を予見しようとするところにあった。王は、占いによって、出陣することが好機といえるか否かを神のお告げとしての前兆によって見究めようとした。また、占いは、王のために、聖職者バルー（*barû-priests*）（占い師）や王室に仕える占星術師によって行われた。彼らの占いは、羊の肝臓表面に浮き上がる斑点や、占星術的に意味のある星の動きや変化を読み取ることによって、明瞭に見える形で浮かび上がる現象を見て行われた。王は縁起をかつぎ、特に、アッシリアの国家神であるアッシュル（Ashur）や、戦闘を含む様々な活動の責任を担う女神イッシュタル（Ishtar）のような神々から、託宣を受けたいと願っていた〔アッシュル神は、アッシリア民族の最高位にある神であり、特に戦争を司る神、イッシュタル神は愛と戦争の女神であり、略奪をほしいままにし、戦いを好む神〕。神から託宣を受けた祭司や巫女によって、その内容は王に伝えられたが、それは、形の上では、神や女神が実際に語った言葉でもあった。

託宣が肯定的内容である場合には、それは来たるべき戦闘において、王に力と勝利が与えられることを予知するものとされた。王は戦いに先立ちこれから行われようとする戦いのために、神の助けと勝利を願い、祈りを捧げた。祈りの内容は様々であるが、いくつかの例をみると、神に助けを願い求める言葉のなかに戦争を行う理由が明確に述べられていた。トゥクルティ・ニヌルタ王（Tukulti-Ninurta）[7]〔アッシリアの王（紀元前一二四四―〇八年）として、メソポタミア北部アッシュルを中心に勢力を拡大し、バビロニアを征服した王〕は、祈りのなかで、先祖と神の間で取り結ばれた契約について想起している。すなわち、その祈りにおいて、トゥクルティ・ニヌルタ王は、敵対する者たちの姿勢は彼の先祖と神との契約を侵害するものであり、先の契約に基づいて今回の戦いでは、是非とも自軍に神の助けが与えられるようにと懇願している。王とその軍隊は、戦い前段の祈りなどからなる諸活動を完全に終えた後に、戦闘の場へと出ていった。しかも、出陣そのものが、宗教的な意味をもっていた。なぜなら王は、戦場に向けて都を離れるに際し、王自らの出立は、「アッシュル（神）の命に基づく」行為であると宣言して行われた。

実際の戦いの場における戦闘がもつ宗教的側面について述べることは、容易なことではない。歴史的文献に登場する簡単な言及の他に、戦いについての詳細な記録は、形式的に詩の形を取って綴られていた。従って、それらは、事実をありのままに記述したものというより、むしろ事後の省察に基づいて記された回顧談のようにも思われる。しかし、叙事詩の形式を取って記された史料によると、神々は自らその戦いに参与されたものとして描かれており、アッシリア軍はアッシュル神の軍隊であると述べられている。これらの諸史料に見いだされる言語表現は、いずれも詩の形を取っており、内容は宗教的であるが、事実に基づいて記されたものであろう。つまり、戦いにおける神の臨在は、軍が携帯していた様々な軍旗や旗印、またこの世において神の代替を果たすと思われていた祭司や預言者の存在を通して視覚的に示されていた。特に、バルー（占い師）の影響力はきわめて大きく、彼らは王に従って出陣し、大きな軍事的権威をもつ存在と見なされていた。[8] このようなことから、戦いが宗教的な様相を帯びていたことは明らかである。また戦いは、神の許しが得られた時にのみ行われた。その時だけ、神々の（典型的な意味における）助けと臨在が期待できるとされた。

戦いが終わり、勝利がもたらされた時には、その軍事的成果は、戦闘の全期間を通じて援助を惜しむことのなかったアッシュル神や他の神々によって与えられたと受け取られた。シリアには、明らかに、戦いの勝利は、一般に、戦いに先立って行われる宗教的行為によって、また戦いの全期間を通して示される神々の臨在によってもたらされる、という信仰が存在していた。しかし、歴史的文献によれば、王は、軍事的勝利は自らの力によって得られた勝利と考え、勝利したことについて神々の前に決して謙虚であろうとはしなかった。同時にまた、王は、最終的な勝利は、神々の助けによってもたらされたとも考え、神の支援に対する感謝は、戦いから帰還した時に神々に犠牲を捧げるという形をとって公に表明された。犠牲の供え物に加え、勝利を記念して記念碑が建てられることもあった。

以上の簡単な考察からしても、戦争という行為はそれぞれの段階に、確実に宗教的次元が存在していることは明らかであろう。このような宗教的次元は、アッシリアの民たちが敵に対して取った態度を跡づける時さらに明確になる。敵は、自ら過信し、アッシリアの神々の卓越した力を軽んじたという理由によって批判されている。すなわち、このような形の批判は、同時に、何よりもアッシュル神を証人として批准された契約関係が破棄されたことを敵国に知らしめることにあった。契約破棄は、自らの神であるアッシュル神を無視することであり、結局は、敵国が彼らの神をアッシュル神と同等の権能をもつものと主張することを意味していた。従って、契約破棄の罪を犯した敵を軍事的に壊滅させようとする場合、その主たる動機は、自国の神の名誉を守るということにあった。

以上に述べてきたことによって、実際に、宗教と戦闘行為との間に密接な関係があったことは明らかであろう。次に検討すべき問題は、これらの関係のイデオロギー的なまた神学的根拠についてである。この問題に答えるためには、何よりも主要な創造物語のなかに見られるメソポタミアの宇宙観を究明する必要があろう。バビロニアの創造物語、つまりエヌマ・エリシュ

（*Enuma Elish*）〔アッシリア帝国の首都ニネベ発掘（十九世紀中頃）を通して発見されたバビロニア創世物語の題名。エヌマ・エリシュは、その叙事詩の冒頭に出てくるアッカド語の二つの語で、「その時上では」を意味する。この詩の目的は、この後に記すマルドゥク神の権威を示すことにあった〕は、この宇宙観の影響を受けた代表的文献であると考えられているが[9]、これはこの世の創造のみでなく、神々の間に、秩序づけられた宇宙的国家が建て上げられていくことを示している。ここで注目すべきは、秩序ある宇宙を成り立たせる手段についてである。その物語においては、この宇宙は、神々のなかでも傑出した闘士であるマルドゥク（Marduk）神〔古代メソポタミアの大部分の地域、バビロニアの最高神、創造と運命の神として崇拝された。ベルとも呼ばれ（エレミヤ書五〇章二節）、本来バビロニアの一地方都市の神であったが、バビロニア全体の神となった。バビロンは、マルドゥクの信仰を発展させた〕の働きを通して秩序づけられたとされている。マルドゥク神は、女神ティアマット（Tiamat）が象徴的に示しているカオス（混沌）を世界に押し拡げようとする力に対抗し、戦いを挑んだ闘士である。マルドゥク神は、ティアマットとの戦いに勝利し、宇宙的な秩序ある国家を建設し、その存在を不動のものにした。換言するなら、民族国家形成の土台ともなった宇宙的な国家は、マルドゥク神の軍事的な偉業と勝利によって打ち立てられたのであった。さらに、この物語を貫く原理は、あらゆる秩序を脅すのはカオスの力であり、秩序を保持しようとする限り、カオスは打倒されなくてはならないということであった。民族国家のレヴェルからいうなら、国家の秩序維持を脅すどのような力も、緊急に対峙されるべきカオスまた脅威とみなされた。民族国家は、マルドゥク神の秩序のなかに存在し、差し迫った外圧の脅威に対抗し国家の秩序ある構造を維持するためには、軍事的手段に訴えて外敵に立ち向かわざるを得なかった。従って、このような軍事的偉業には、必ず勝利が約束されていた。いずれにせよ、この世における戦いは、天にあって勝利に勝利を重ねるマルドゥク神の働きを土台としたものであった。

アッシリアの時代にも、同様のイデオロギーが存在した。この時代には、マルドゥク神にかわってアッシュル神が国家的闘士となった。しかしながら、アッシリアは、その発展の過程で特別な問題を提示している。というのは、新しい要素が、本来存在していたイデオロギーの枠組みのなかに加わってきたからである。それは、メソポタミア全体において、それまで認められることのなかったきわめて強力な軍国主義的精神が生起したことを意味する。いわゆる「暗黒の時代（Dark Age）」に先だつ初期アッシリアの時代には、このような軍国主義的精神はまだ存在していなかった。しかし、アッシリアの歴史の進展や歩みとともに、その軍国主義的精神は次第に明確な形を取るに至った。もちろん、このような変化が起こった理由を論証するのは容易なことではない。アッシリアの宗教は、純粋にアッシリア固有なものというより、習合的なものであり、バビロニアの宗教一般にみられた多くの特徴を含んでいた。このために、アッシリアの宗教は、概括的にいえば、メソポタミア的であったといえよう。しかし、アッシリアの宗教には、また二つの明確な特徴を見いだすことができるように思われる。すなわち、(イ)国家の神であるアッシュル神が特に卓越した位置に置かれていたこと、(ロ)神殿には、おびただしい数の軍神が祀られ、通常戦いに関係ないと思われるような他の著名な神々でさえ、明らかに好戦的な特徴を備えていたのである。

軍国主義的精神が強調され始めたのは、紀元前十三世紀中頃からのようである。いくつかの例をみるなら、まだこの時代までは、戦いを始める伝統的な理由として、すなわち、防衛のためや条約の履行を迫るという理由が明確に存在していたようである。しかし、アッシュル神の命令という形を取らないで、戦争が引き起こされる場合もあり、しかも、正当な理由もないのに戦いが行われる場合もあった。これに続く時代では、アッシュル―カルト〔アッシュル神を中心とする信仰共同体〕のイデオロギーが、戦争はアッシュル神の断固たる命令に基づいて実施されるものとして、帝国主義的拡張政策を支えるものとなった。この新しいイデオロギーの根底には、特に経済的理由が存在していたといえよう。しかし、あくまでも宗教的理由が中心的なものであった。領土の拡張は、アッシュル神の権威が及ぶ範囲を拡大することであり、拡張された領土内に居住を余儀なくされた新しい「市民」は、税金を納め奉仕することによってアッシュル神の神殿に仕えねばならなかった。アッシリアの神の概念は、アッシリアの世界のみに限定されるような島国的な特性をもつものではなく、また国際的な次元において覇権を目指す闘争が激化したことによって、結果的により広い範囲に広げられていったのである。すなわち、一国家神としてのアッシュル神から、世界を治めるアッシュル神へと神の概念が拡大されたのである。こうしてアッシュル神の好戦的な性質により、宗教的次元における普遍主義への傾向が高まり、またそれに呼応して政治的次元では帝国主義への胎動が芽生えることとなった。このようにイデオロギーが発展拡大する過程においては、政治的要素のイデオロギーと、宗教的要素のイデオロギーのどちらがその動因となったかについては明言できないが、とにかく以上のような変化が生じてきたことは明らかである。

このようにメソポタミアにおける戦争と宗教の関係を端的に要約するだけでも、イスラエル人の行った宗教的戦いが、近東諸国の一般的な戦い方と多くの点で類似しており、ほとんど変わりはないともいえるだろう。しかし、国家としてのイスラエルは、多くの国家のうちの単なる一国家でしかないことも明らかであり、当時の国際関係が二十世紀の今日見いだされる国際関係同様に、しばしば戦争によって特徴づけられた社会であったことも明らかである。イスラエルの戦い方を、近隣諸国のそれに比べ、どちらのほうが良く、どちらが悪いかを議論するのは有益なことではない。とはいえ、イスラエルの戦いに関して特記されるべきことは、今にして思えば、その戦いがまさに宗教的な観点から導かれ、それがまた記録され解釈されたということである。イスラエルの人々は、神が人間の歴史に参与されることを信じていた。このことは、イスラエルの人々のみに限られた信仰ではなかった。しかし、平和のヴィジョンや人類全体の贖いに対する期待は、まさにヘブライ人たちの経験した戦争の悲惨な敗北の結果生まれたものであり、決してイスラエル以外の近東諸国からは生まれてこなかった。従って、わたしたちは、このヴィジョンやこの望みに関しては、まさに古代のヘブライ人たちに、尽きることのない恩恵を負っており、彼らに深く感謝しなければならないのである。

注

1　たとえば、H・クルーズ（H. Kruse）「旧約聖書における勝利のエートス」（"Ethos Victoriae in Vetere Testamento," *Verbum Domini* 30, 1952, pp. 8ff and 79.）、参照。

2　ピーター・W・マッケイ（Peter W. Mackay）『暴力――権利か悪か――』（*Violence: Right or Wrong?*, Waco, Texas: Word Books, 1973, p. 64.）。

3　このより広い視点については、ジャック・アルマン（Jacques Harmand）『シュメールからローマにかけての古代の戦争』（*La guerre antique de Sumer à Rome*, Paris: Presses Universitaires de France, 1973. 特に pp. 48-64.）、参照。

4　この点に関する他の研究については、次に掲げるもの、参照。T・フィシュ（T. Fish）「古代メソポタミアにおける戦争と宗教」（"War and Religion in Ancient Mesopotamia," *Bulletin of the John Rylands Library* 23, 1939, pp. 387-402.）、W・フォン・ゾーデン（W. von Soden）「アッシリア人と戦争」（"Die Assyrer und der Krieg," *Iraq* 25, 1963, pp. 131-144.）、またM・ヴァイペルト（M. Weippert）「イスラエル及びアッシリアにおける聖戦」（"Heiliger Krieg in Israel und Assyrien," *Zeitschrift für die alttestamentliche Wissenschaft* 84, 1972, ss. 460-495.）。

5　さらに、詳細については、H・フランクフォート（H. Frankfort）編集著作『哲学以前』（*Before Philosophy,* Harmondsworth: Penguin Books, 1949.）所収のT・ヤコブセン（T. Jacobsen）の論文、参照〔邦訳、H・フランクフォート、H・A・フランクフォート、ジョン・A・ウィルソン、トーキルド・ヤコブセン共著、山室静、田中明訳『哲学以前――古代オリエントの神話と思想――』（社会思想社、一九七一年）〕。

6　すでに英文に翻訳されているアッシリアの歴史的な文献を収集したものについては、J・B・プリチャード（J. B. Pritchard）編集『旧約聖書に関連した古代近東文献』（*Ancient Near Eastern Texts relating to the Old Testament,* 2nd ed., Princeton: Princeton University Press, 特に 1955, pp. 269-300.）、参照。以下に述べる内容は、この文献に集められたものや、トゥクルティ・ニヌルタ王の叙事詩をもとにしていることを断っておく。

7　R・C・トンプスン（R. C. Thompson）「ニネベにおけるナブ寺院の出土品」（"The Excavations on the Temple of Nabu at Nineveh," *Archaeologia* 29, 1926, p. 133 [lines 12-25].）、参照。

8　A・ハルダール（A. Haldar）『古代セム族のカルト預言者共同体』（*Associations of Cult Prophets Among the Ancient Semites*, Uppsala, 1945, pp. 65-66.）、参照。

9　現在の形をとった創造物語は、古代バビロニア時代（紀元前二千年紀初め）に始まっているように思われる。しかし、残存している史料は、アッシリアの時代に遡ることができ、明らかにその時代にふさわしく脚色して作られている。直接的証拠は存在していないが、その神話の起源はおそらくバビロニア王朝以前であろう。要約すれば、神話に表現されている思想の型は、おそらくメソポタミア全体を代表していると考えられる。しかしながら、注目に値するのは、（今、わたしたちが関心をもって取り組んでいる）戦争のモチーフは、おそらくメソポタミア人たちが初期シリアのバール神（Baal）の神話から取り入れたものである。T・ヤコブセン（T. Jacobsen）「マルドゥクとティアマットの戦い」（"The Battle between Marduk and Tiamat," *Journal of the American Oriental Society* 88, 1968. pp. 104-108.）、参照。

訳者あとがき（一九九〇年、初版）

本書は、ピーター・C・クレイギ（Peter C. Craigie）の *The Problem of War in the Old Testament*（Wm. B. Eerdmans Publishing Co., 1978.）の全訳である。訳出にあたって、原著にイタリック体で表示された語には傍点を付した。他著からの引用など" "で表された個所については「 」で表示した。（ ）で示された著者の補足はそのままの形で示した。人名については、『キリスト教人名辞典』（日本基督教団出版局、一九八六年）等を参考にし、固有名詞もできるだけ原名を付加した。訳者が内容説明のために加えた訳者注は、〔 〕で表示しておいた。

著者は、英国エディンバラ大学及びアバディーン大学を卒業、カナダのマクマスター（McMaster）大学において文学博士の学位を得た。一九八五年に悲劇的な事故で死を遂げるまで、カナダの中西部アルバータ州（Alberta）のカルガリー（Calgary）大学人文学部長の要職にあり、宗教学を担当した。多数の著書のなかでは、旧約聖書注解シリーズの『エゼキエル書』（友枝久美子訳、新教出版社、一九八七年）がすでに邦訳されている。前邦訳書の「訳者あとがき」

によると、彼は「英国国教会のカルガリー主教管区における教会法研究者」であったとされる。業績は、旧約聖書研究を中心に多岐にわたり、特に聖書の今日的な意味を問うことに力点が置かれていたといえよう。それは、本書の「はじめに」に記されているように、軍務経験の後に学問の道に入った異色の経歴や、著者が本書に紹介している著者自身の論文表題によっても明らかである。従って、その業績は、著者のキリスト者としての実際の生き方と密接に関係しているといえよう。著者は一九八八年に刊行された *Baker Encyclopedia of the Bible,* Vol. 1. & 2.（Baker Book House）の編集委員でもあった。

本書は、著者が、聖書学者の目を通して、有史以来の課題である戦争の問題に取り組んだ好著である。著者は、戦争の問題に関連して旧約聖書が教えるところを詳細に検討し、また新約聖書との関連を視野に入れつつ、戦争が繰り返される現実の社会に生きることとの関係において、戦争と平和の問題に一つの解答を引き出そうとしている。以下、本書の内容を簡単に要約しておこう。

第一章の「戦争の現代的課題と旧約聖書」において、著者はどうして旧約聖書はこれ程好戦的な記事に満ちているのだろうかと問いかける。この問いに答えるために、著者は旧約聖書の「神の問題」、「啓示の問題」、「倫理の問題」を究明しなければならないと問題提起する。この点については第九章においても再度問題にされ、要約されている。

第二章「旧約聖書の遺産としての戦争」では、旧約聖書がイスラーム教、十字軍、近代の政治理論やシオニズムなどの民族イデオロギーに、絶大な影響を与えてきたことが述べられている。

第三章は、本書前半の中心をなす重要な章であると考えられる。ここでは、第二章に続いて、「旧約聖書の遺産」として「戦士としての神」という問題が考察され、神が人間の歴史に参与される意味や、聖書が神を戦士として捉えていることの意味が検討される。この過程を通し、戦争とは、神が罪ある人間存在を用い、しかも通常の人間的な活動を媒介として、人間の歴史に参与されることを意味するものであるとされる。また、戦争の現実を通して、人間は神が人間の歴史に参与されていること、また人間には救いが必要であることが示される。また、戦争は、罪深い人間の活動であり、同じ人類の仲間である人間に、人間固有の非人間性をさらけ出すものであることが述べられている。

第四章では、「『聖』戦」という言葉の妥当性について検討されている。ここでは、現実の戦争のもつ悲惨さを直視すれば、「『聖』戦」をも受け入れられないことが主張されている。

第五章では「殺人の禁止」が考察される。戦争は、十戒の第六戒「殺してはならない」に対する侵犯であり、戦いは、結局、殺意を抱いて人を殺すことにほかならないことが主張される。

従って、ここには、何にもまさって、人間の生命に対する畏敬の念が必要であるということが指摘されている。

第六章「戦争と国家」においては、イスラエルの古代国家の成り立ちを通し、現代の国家と暴力の関係について論じられている。戦争が国家の存続と不可分に結びついている現実が示され、それは、人間の制度としての国家にとって避けて通ることのできない問題であるとされる。ここには、ジャック・エリュールの『暴力考――キリスト教からの省察――』の論点が取り入れられている。すなわち、暴力は国家にとって「必然性の秩序」であるという視点である。この論点をあまりに強調することに、訳者は同意できないが、後に第九章にも提示されているように、国家の本質またはそれを構成している人間の本質に対する鋭い洞察については、訳者も同意せざるを得ない。

第七章では、人類は、「戦争における敗北の意味」を知ることによって、悲惨きわまりない戦争の惨禍を避けることができないであろうか、という提言からなっている。すなわち、戦争における敗北から、戦争を引き起こす人間の罪の深さが学び取られねばならないことが述べられている。そのような罪深き人間の本質があらわにされる時、わたしたちは、第八章「旧約聖書と平和」に詳述される、新約聖書によって開示されたイエス・キリストの「新しい契約」のなかに生きなければならないことが示される。

第八章においては、旧約聖書において「平和」とはどのようなものと考えられていたかが述べられている。また、戦争は人間の心のなかから起こることが指摘されている。ここに、結局は、平和に関し、人間と神の健全な関係が回復されねばならないことが示される。この過程において、著者は、「平和の概念」と「平和のヴィジョン」という視点を導入している。前者に関しては、現時点において、戦争の現実を見つめ直し、平和を具体的に希求することの重要性が述べられる。後者に関しては、キリスト者として、現実の社会には完全な平和を望み得ないとしても、イエス・キリストが教えられた神の国の完成を望み見て生きる必要があることが語られている。

第九章では、本書の「結論」として、聖書が示している戦争の問題に対する答えを概括的に提示する。本書の全貌は、ある意味でこの章に集約されている。ここでは、前章までの考察の結論を取り入れながら、キリスト教教育の重要性が指摘され、キリスト者は、この世の国と神の国という二重の国籍をもって生きるものとして、預言者の説く高邁なヴィジョンをもつとともに、現実の国家の一員としての現実主義のうちに生きなければならないことが述べられる。すなわち、聖書が語ろうとしている視点に耳を傾けながらも、戦争を必然性の秩序として存在する現実の社会を客観視しなければならないことが示されている。

第九章で、著者の現実主義は、「警察力にせよ軍事力にせよ、（それがそのまま善なるものとはいえないが）国家には必要な道具なのである」（第Ⅴ節）と述べるまでに至っており、訳者としては、これらのすべての点に同意できるというものではない。しかし、著者の視点は、本書全体の視点から捉えなければならないのであり、それは平和を強く希求するところには何ら変わるものではない。

著者は、このように戦争の現実の厳しさを真正面から検討しながら、戦争と平和という有史以来の人類のテーマに真摯に取り組んでいる。この意味で、本書は、戦争と平和の問題を悩みつつ聖書を読む者たちに、好感をもって迎えられることと確信する。またキリスト者に限らず、絶えることなく平和のための活動を続けている人々に、戦争と平和の問題に対するよき指針を与えてくれるであろう。いずれにせよ、世界の平和ということを考える時、聖書の戦争に対する視点を無視し得ないのであり、その意味でも、本書は格好の論点を提供しているといえよう。なぜなら、多くの政治理論家にしても、戦争哲学者にしても、彼らの理論を構築しようとする時には、旧約聖書を無視しては立論できなかったからである（第二章第Ⅲ節）。

このほかにも、本書で一貫して主張されていることを一つ付言しておきたい。それは、聖書の読み方についての著者の指摘である。著者は、聖書を部分的に読んで、それにただ批判を加えるのではなく、聖書全体を通して聖書が何を語ろうとしているかを把握しなければならないことを主張している。特に戦争のような問題を、たとえば申命記にあるような戦いの記事のみから判断する危険性に注意を促している。すなわち、聖書に記されている一つひとつの出来事は、聖書全体を通して語られている神のご意志との関係において理解されねばならないとする。そのためにも、聖書の本文全体を注意深く研究することが何よりも必要になってくる（第二章第V節）。この点は、キリスト者のみならず、聖書を読むすべての人が心にとめるべききわめて重要な論点であろう。

近年、複雑になる国際紛争との関連で、戦争哲学者カール・フォン・クラウゼヴィッツの伝記や、彼の『戦争論』が次々と翻訳出版されている。世界の各地では今もなお兵火のやむ時はなく、多くの兵士や愛する隣人が戦争の犠牲となり続けている現実がある。しかも兵器削減の交渉が行われることがあっても、それが十分に進んでいるとはいえない。このような時代に、戦争そのものを、『聖書』をもとに検討した本書には深い意味があろう。聖書本文から決して離れることなく、しかも現実把握を少しもおろそかにしていない著者の姿勢には、脱帽せざるを得ない。本書には、何よりも戦争を繰り返す人間の愚かさ罪深さが各所に散りばめられており、単に戦争の問題だけでなく、人間自身の本質をもするどく追究した格好の著作となっている。

この翻訳は、訳者が前任校大阪キリスト教短期大学に勤務していた時、神学科長として直接の上司であった旧約学者服部嘉明先生（前東京基督教大学教授、前アジア神学大学院日本校理事長）に勧められて一読し、感銘を受けたことがきっかけとなった。学生時代から社会倫理学、宗教社会学を専攻してきた訳者にとって、戦争の問題を旧約聖書に照らして問いつめた本書は、訳者の関心と一致し、勧められるままに翻訳を試み始めた。以来もう七年の歳月が過ぎたことになろうか。すでに下訳そのものは、一九八五年、前任校から服部先生のご尽力によって、北米の緑美しいロチェスター市郊外ロバーツ・ウェスレアン大学に社会学研究のため六か月間の研修が許された時、ほぼ完成していた。それからでさえ、もう四年の月日が経過したことになる。それ以後、前任校を辞し、また訳者怠慢の故に草稿はそのままになっていた。すでに、その当時、訳者も所属する日本カルヴィニスト協会委員で、すぐ書房社主の有賀寿先生に出版のことをご相談申し上げたところ、ご快諾をいただいていた。ここにまた、勤務校阪南大学のご理解のもとに出版助成を受けることが許された。助成を受けるにあたっては経済学部長垣口克彦教授はじめ経済学部教授会の先生方のご配慮をいただいた。また、阪南大学産業経済研究所の研究委員長沼田昭夫教授、教職員の方々にもひとかたならぬお世話をいただいた。この場を借りて、心より御礼を申し上げたい。

出版に際しては、神戸ルーテル神学校の旧約学者石黒則年先生が原著にあたって訳文に目を通してくださりご教示くださった。訳者が所属する日本基督改革派神港教会牧師安田吉三郎先生には、聖書学者の立場から訳者の理解の及ばない疑問に答えていただいた。先生にはまた、日頃からの聖書の力強い講解説教を通して、正典としての聖書と信仰の訓練をいただいている。同じく神港教会会員、関西学院大学教授村川満先生には、そのご専門の立場から訳者がどう解釈してよいかわからない原著の個所についてご教示を賜った。お二人の先生からは、原著に取り上げられている関連文献に関しても多数教えていただき、手元にあるものをお貸しいただいた。また、日本カルヴィニスト協会会長で関西学院大学教授春名純人先生には、エフベルト・スフールマン著『技術文化と技術社会』（すぐ書房、一九八四年）の共訳者に加えていただいただけでなく、この翻訳の完成にも変わらない励ましをいただいた。先生からは、スフールマン先生が環境汚染の問題の「無視された宗教的哲学的背景」について的確に指摘しておられることを教えていただき、それを翻訳したなつかしい思い出がある。自己宣伝めいて恐縮であるが、地球規模の環境汚染の問題がクローズ・アップされている今日、まさに、スフールマン先生による、その問題の精神史的背景についての指摘は、変わらない大きな意義をもつといえよう。

さらに、この訳書の出版にあたっては、長年にわたってすぐ書房から励ましをいただいた。心から感謝し、御礼を申し上げたい。

翻訳にあたって、思わぬ間違いを犯している個所があるかもしれない。大方のご叱正を賜ることができれば幸いである。

信仰と研究の師山中良知先生を思い返しつつ。

一九八九年　秋

村田充八

訳者あとがき（二〇二四年、改訂版）

聖書学者でも専門の翻訳家でもなく、単に社会学の一教師にすぎないものが、このような訳書に取り組むことは、本来無理なことであった。

そのような大それたことを敢えて行ってしまったのは、訳者が三十代前半の若造であった故であろう。今回、本書を読み返しながら、繰り返し、よくもまあ、このようなとんでもない訳業に取り組んだものと恥ずかしさがこみ上げてきた。しかし、一度は、一九九〇年に訳書として出版され、取り返しのできないことをしでかしたことになる。

いのちのことば社から、再版を出したいとのお言葉を受けて六年になる。二〇一八年四月二十日、校正紙をお送りいただいてからも六年近くが過ぎ去った。その年は、定年退職を控えた時であった。その後、退職し五年がすぎてしまった。そのまま、校正紙は、お蔵入りのつもりでいた。それは、前段のような思いが抜けなかったからである。しかし、関係の方々から、どうなっていますかと尋ねられて、二〇二二年の夏、しばらく入院したことを契機に、病院で校正に取り組み始めた。

校正紙を読むにつけ、編集者が校正紙作成のために版割りしてくださったお仕事ぶりに感服しつつ、推敲の取り組みを始めた。その過程で、冒頭に記したように、あまりにも無謀な仕事をしたものと痛感するばかりであった。

聖書の知識も、イスラエルやメソポタミアの歴史も知らないものが、このような訳業を、四十年近く前にしでかしたことになる。

とはいえ、やるしかないと思いつつ、校正を進めてきた。

日本語訳初版は、一九九〇年（すぐ書房）。そのあと、二回増刷され、三回目は、改訂版として、二〇〇一年に出版された。今回は、いのちのことば社が、さらに改訂したものを出してくださることとなった。

今回の改訂新版は、これまでの原稿を読み返しながら、訳稿を整えた。これまでは、すぐ書房社主であった有賀寿先生が、訳稿に大幅な手直しをしてくださっていた。その元の原稿は、紛失してしまった。今回は、すぐ書房版として出版されたものをもとに、再度、訳語等も見直した。以前の版に比し読みづらくなっていたら、それは訳者の責任である。

正直なところは、いつの日か、二〇〇一年改訂版を修正し再度出版したいと思ってはいた。いのちのことば社から、この春、近く米国の原著出版社との出版許諾契約が切れるとお聞きして、その前に何とかしたいと思い、取り組むことになった。

大学院生時代、指導していただいた先生の一人が、研究者になるには、一冊翻訳を出しなさいといわれていた頃が懐かしい。勤務先大学の出版助成をお受けし、身の程知らずにも出版していただいた。今振り返ると、若さだけで取り組んだように思う。

二〇二二年二月二十四日に起こったロシア－ウクライナ戦争、また、二三年十月七日、イスラム組織ハマスの奇襲攻撃とともに始まった、イスラエル軍のパレスチナ自治区ガザへの攻撃も、今もなお終わることがない。著者クレイギは、国家は、暴力を必然的なものとして内包し、戦争をも必然的なものと捉えてはいる。しかし、彼はまた、旧約聖書の預言者たちが、終末論的なヴィジョンに期待をかけていること、すなわち、預言者たちは、武器を鋤に打ちかえて戦争のない社会への希望を捨てることがなかったことを指摘している。

訳者は、戦争のリアルな現実を知らないが、絶対に戦争はすべきでないと思っている。先の戦争における一海軍兵であった父も、そのように語っていた。その点、クレイギが、非戦論的な立場に立つことは、訳者にとって大きな支えであった。それは、本書の彼の論点からも汲み取っていただくことができよう。いま、改訂のための校正を終えて、改めて、そのことを思うのである。

この原著を筆者に読むようにとすすめてくださった旧約学者服部嘉明先生も、二〇二二年四月十五日、シアトルで天に召された。一九八五年、大阪キリスト教短期大学からニューヨーク州ロチェスター郊外のロバーツ・ウェスレアン大学に研修に行かせていただいたとき、訳稿の最初を作り始めた。あれから四十年が経過した。

今も、このクレイギの著作は、聖書を読むキリスト者に、戦争に関連して多くの示唆を与えるものであるという確信はかわらない。また、戦争や平和の問題について真剣に取り組みたいと考えておられる方々にとっては、本書は、聖書との関連において戦争をどう捉えるのかについて、きわめて有益な示唆を与えてくれると思う。

新しい改訂版を出していただくにあたり、最後まで、六年間も、訳者を見捨てることなく、忍耐し、校正終了を待っていただいたいのちのことば社島田誠兄、田崎学兄に、心から、お詫びとお礼を申しあげたい。また、同社の信仰の諸先輩の皆様に、いつも校正紙はどうなっていますかと、励ましをいただいていた。

分担訳を含めて、何度か日本語に移す翻訳の作業を経験したことがある。しかし、正直なところ、翻訳はもうやめておこうと、そのたびごとに決めていた。それがまた、思い出の書を出していただけることを光栄に思っている。

いつも励ましてくださる恩師春名純人先生、神港教会牧師袴田康裕先生、諸先生方にお礼を申しあげる。

本書の内容については、「訳者あとがき（一九九〇年、初版）」を参照していただきたい。

信仰と研究の師山中良知先生、山中五百子姉を思い返しつつ。

村田充八

二〇二四年　初夏

1. 事項索引

タ行

ナ行

ハ行

マ行

ヤ行

ラ行

2. 著者名索引

サ行

タ行

ナ行

ハ行

マ行

ヤ行

ラ行

ワ行

3. 聖書引用索引

本書は一九九〇年、すぐ書房より刊行されました。

訳　者

村田充八（むらた・みちや）

1951年、兵庫県生まれ。
1976年、関西学院大学社会学部卒業。1981年、関西学院大学大学院社会学研究科博士課程後期課程単位取得退学（社会倫理学・宗教社会学専攻）。1981年、大阪キリスト教短期大学専任講師。1985年、米国ロバーツ・ウェスレアン大学交換研究員。1987年、阪南大学経済学部助教授。1993年、阪南大学経済学部教授。1997年、阪南大学国際コミュニケーション学部教授。1997年〜98年、米国カルヴァン大学客員研究員。1998年、博士（学術・関西学院大学）。2012年〜13年、ロンドン大学（SOAS）客員研究員。2019年、阪南大学名誉教授。

著書　『技術社会と社会倫理――キリスト教技術社会論序説』（晃洋書房、1996年）、『戦争と聖書的平和――現代社会とキリスト教倫理』（聖恵授産所出版部、1996年）、『コミューンと宗教――一燈園・生駒・講』（行路社、1999年）、『社会的エートスと社会倫理』（晃洋書房、2005年）、『宗教の発見――日本社会のエートスとキリスト教』（晃洋書房、2010年）、『キリスト教と社会学の間――宗教と社会倫理論集』（晃洋書房、2017年）、『戦争と聖書の平和――キリスト者からの問いかけ』（晃洋書房、2018年）

聖書と戦争
―― 旧約聖書における戦争の問題

2024年7月1日発行

著　者　ピーター・C・クレイギ
訳　者　村田充八
印刷製本　モリモト印刷株式会社
発　行　いのちのことば社
〒164-0001 東京都中野区中野2-1-5
電話 03-5341-6923（編集）
03-5341-6920（営業）
FAX 03-5341-6921
e-mail:support@wlpm.or.jp
http://www.wlpm.or.jp
新刊情報はこちら

ISBN 978-4-264-04508-3